安倍晴明の一千年

「晴明現象」を読む

田中貴子

法蔵館文庫

本書は二〇〇三年一一月講談社より刊行された。

目次

安倍晴明の一千年——「晴明現象」を読む

少し長いプロローグ――「せーめーさん」詣で

京都の小さな占いの「神さん」

二〇〇三年正月二日、私は久しぶりに地元・京都の晴明神社を訪れた。晴明についての本を書くにあたって、いちおうご挨拶だけでもしておこうという殊勝な心がけ、ではなくて、もう数年訪れていなかった「せーめーさん」の、ブームまっただ中の様子を見ておこうというつもりである。京都のお正月にしては珍しく、綿のような軽い雪がちらつく、しんしんと寒い日のことだった。

じつは私が晴明神社を訪ねるのは、今回でおおよそ五、六回目になろうか。いちばん初めに「せーめーさん」という奇妙な名前の神さんのことを知ったのは、ごく小さな子どものころのことだった。実家を改築するさい、便所を別の場所に移すことになったのだが、大工さんたちは「便所には神さんがいはるさかい、気軽に手をつけられしまへん」と言うのである。「せーめーさんへでもいかはって、お清めの砂かなんかもろうてきておくれやす。あっこは占いの神さんやさかい」大工の棟梁はまじめな顔で両親に言った。

そこで、私は母に連れられて「せーめーさん」へ赴くことになったのだが、タクシーに乗って行き先を告げると、運転手はしばらく考えて「たしか、堀川上がったとこでしたなあ」とひとりごち、発進させた。そうである。数十年前までは、晴明神社の正確な場所を知る人は京都人のなかでもそう多くはなかったのだ。「せーめーさん」が、あの平安時代の陰陽師《おんみようじ》である安倍晴明《あべのせいめい》（よみは「はるあきら」、「はるあき」とも）を祀《まつ》る神社であることを知っている人も、そんなにいなかっただろうと思う。近隣の人々の頭には、「占いの神さん」ということしかインプットされていないのである。

無事神社に着いた私たちは、さっそく社務所の巫女《みこ》さんに占いを申し込んだ。暗くてさぶい古びた社務所の座敷に通されると、今の宮司さんのお父上だったのだろうか、年配の方が音も立てずに現れて、たぶん「八卦《はっけ》」らしき占いをし、「便所はこの方角でよろしいでしょう。古い方を埋めてしまうとき、このお砂をかけてください」と、「清めの砂」を渡してくれた。社務所から出た私は、見慣れぬ星マークがいっぱいついた社殿に見入っていたが、母がしきりに呼ぶのでしかたなく社を出たのである。

帰りのタクシーのなかで、母は、「なんや、簡単な占いやったなあ」と、少し気の抜けたような顔で言った。「せーめーさん、て、ほんまに効くのやろか」と不埒《ふらち》なことを呟《つぶや》く母に、「なあ、せーめーさんて誰なん」と私は聞いたが、母は「さあ……、昔の偉い人らしいけどな」と答えるにとどまった。清めの砂を古い便所にまいた後、工事は順調に進み、我が家は最新の水洗便所を持つことになった。

平成晴明ブームの始まり

あのときは、まさか、「せーめーさん」が現代人にスーパーヒーローとして受け入れられ、映画やテレビやマンガになるとは思いもしなかった私である。もっとも最近にここを訪れたのは、平安京建都一二〇〇年記念として、JR東海が「そうだ 京都、行こう。」というキャンペーンを展開したおり、「京都魔界めぐりと安倍晴明」というテーマで、東京からのお客さんのガイドを務めたときだった。

そのころは、今までの「みやび京都」の裏側を探ろうとする動きが起こっており、今でこそ「京都魔界なんとか」とか「京都異界かんとか」といった似たような書名が書店にぞろりと並んでいるが、その嚆矢《こうし》は、宝島社の藤原清貴氏（のちに洋泉社）が企画した『京都魔界めぐり』というムックなのである。私もそこに書いている関係で、JR東海のガイドさんを引き受けたのだった。関東からのお客は二十代から三十代の若い人々が多く、私の「とっておき」の場所を案内して、かなり好評を得たのである。そのとき、晴明神社は古い社務所の一間をあけてくれ、晴明の肖像画も見せてもらえ、晴明井戸の水まで飲ませてもらい、たいそう協力的だった。

それが、二〇〇三年の今、古い社務所はなくなって駐車場と化しており、反対側には白木の匂いがぷんぷんするような新しい社務所が建っている。映画『陰陽師』のポスターが張られ、原作者の夢枕獏氏をはじめとする「晴明ブーム」の仕掛け人たちの書いた絵馬が展示されている。お賽銭《さいせん》をあげる人々はおのずから列をなし、聞こえてくる言葉には京都以外の方言が混じっていた。

占いのほうも今では希望者が殺到し、何時間も待たされるのだという。もちろん、陰陽師が式盤《ちょくばん》を使って行うような陰陽道の占いではなく、幼い私が見たような、一般的「八卦占い」であろう。しかし、晴明神社の神主さんが安倍晴明直伝の陰陽師でありそれで占いをするのだと信じている人も少なくないらしい。それほどに、平成の陰陽師晴明ブームは民間に浸透しているといえよう。

ブームのさまざまな要因

私が、「せーめーさん」はじつは平安時代の陰陽師・安倍晴明であることを知ったのは、高校生のとき『今昔物語集』の口語訳を読んでからだった。京都の地元民でさえ、いまだに「せーめーさん」の「正体」を知らない人は多かろう。果たして、このただならぬブー

式神（室町時代）（『泣不動縁起絵巻』清浄華院蔵）

ムは、どこから来たのだろうか。

長々と論に関係ない思い出話をしたのは、現代の晴明ブームというのがいくつかの特徴を持っていると思えるからである。晴明社は、ブーム以前は京の西陣の片隅にある占いの神さん、という地元神であった。安倍晴明の存在が前面に出ていなかったのに、このようなまでになったブームの原因は、先にも述べたように、平安京建都一二〇〇年という一種の空騒ぎの際、京を代表するような「イコン」が必要だったことが指摘できる。そして、世情不安の折りには、過去の例を見てもわかるように、「あやしさ」、「こわさ」、「占い」などの要素を含んだものがブームになるものなのである。

失礼ながら、「占いの神さん」としてほそぼそと生きながらえてきた神社は、「あの晴明サマのお社《やしろ》」として急激に株をあげていた。つまり、晴明という人物の人気がお社を「超・観光スポット」に変えたわけである。もともとは、ここが晴明の居宅跡といわれていたが、次には京都ブライトンホテルがそこだといわれ、「せいめい」、「ひろまさ」などというカクテルをラウンジバーで出すようになった（二〇二三年現在でも提供されている）。ところが近年、山下克明氏の詳細な研究の結果、ブライトンホテルとはごく一部しか重なっていなかったことがわかっている（「安倍晴明の邸宅とその伝領」、『日本歴史』六三二号、二〇〇一年）。なんだか皮肉なことである。

いずれにしても、晴明ブームの陰の一つには、没落しつつある京都をもう一度活力ある街にしたい、というきわめて資本主義的な要因があると思えてならない。そして、近所のおばあさんが頭を下げて通るような、京都の人々にしてみれば何の変哲もない小さな祠《ほこら》を「魔界だ、異界だ、京都は不思議に満ちている」と騒ぎ立てる「よそさん」（他所者）と京都の観光業界が提携した光景が、今の晴明ブームの裏に見え隠れしている。

資本主義の聖なるイコン・晴明。朱雀門《すざくもん》の前で式神《しきじん》を放ち、都の存立を脅かす「敵」に闘いを挑む強力な陰陽師。白狐《びゃっこ》を母に持つ超能力者——。

いったい、なぜこんなブームが生まれたのかを解き明かすのが本書の目的であるが、私の興味は、あらゆるメディアに刻印された晴明ブームという「現象」の生成をたどり、いささかの交通整理を行うことにある。

また、私がどうしても理解できないのは、ちゃんとした陰陽道の修行もせずにかたちばかり晴明の真似をして、「ホテルの部屋がなんだか薄気味悪かったので九字《くじ》を切ったのよ」などというような日常会話をする、晴明ワールドにどっぷりつかった人たちである。こういう人とはあまりご縁がない方がよいが、研究の対象と見れば非常に興味がある。本書では、晴明自身ももちろんであるが、晴明に群がるさまざまな人々も考察の対象としたい。

安倍晴明の「史実」

本論に入る前に、まさか本書を手に取るような方に「そもそも安倍晴明って誰？」というような初歩的な疑問を持つ人はいないと思うが、念のため少し彼のプロフィールを紹介しておこう。

『安倍氏系図』によると、晴明は安倍益材《あべのますき》を父として延喜二一年（九二一）に生まれたとされている。時はまさに摂関政治前夜だった。晴明はその後しばらく、歴史の表面にはまったく出てこない。したがって、『今昔物語集』巻二十四に記されている、師匠の賀茂《かもの》忠行《ただゆき》より先に百鬼夜行《ひやつきやぎよう》を見たという晴明の幼少期の活躍はフィクションといってよい。

晴明がやっと記録類に登場するのは、四〇歳になってからである。中御門《なかみかど》宗忠《むねただ》という貴族の漢文日記である『中右記《ちゆうゆうき》』嘉保元年（一〇九四）十一月二日条に、天徳四年（九六〇）の内裏《だいり》焼失のとき失われた太刀を、村上天皇の勅命を受けて新たに鋳造する、とある。晴

倉橋麻呂（一名仲麿）――御主人――（略）――益材（大和守、大膳大夫、正四下、）――晴明（穀倉院別当、大膳大夫、左京権大夫、天文博士、従四上、）

安倍氏系図
（『医陰系図』による）

明はこのとき陰陽寮の一官僚である天文得業生《てんもんとくごうしょう》だった。

その後も晴明の記録はぽつぽつとしか記されておらず、ようやく六五歳を越えたころから天皇のために勘申《かんじん》したりするようになる。とくに七十・八十代では天皇や貴人のために占いを行ったりする活躍を見せる。

そして『土御門家記録《つちみかどけきろく》』、『尊卑分脈《そんぴぶんみゃく》』によると、寛弘二年（一〇〇五）九月二六日に従四位上で卒している。その間、陰陽寮から蔵人所《くろうどどころ》の陰陽師となったり、穀倉院の別当として働いたようである。その生涯は、ほんの数行で記し終えられるようなものだった。

このように安倍晴明の資料といえば、説話がいくつかと、公家日記の記事くらいしかない。本当に少ないのだ。だから、晴明に興味を抱くような人はみんな（口語訳でも）ほとんど読んでいる。その小さなパン種をどうふくらませるかが、研究者の、作家の、マンガ家の、そしてその他の人々の個性なのだと思う。私は、晴明ブームについては一歩引いたところから見ようとしている。その場所から、ついに「現象」に至ったイコンとしての晴明の軌跡をたどってみたい。

第一章

それは『帝都物語』から始まった

1　平成晴明ブームの裏側

多くの読者を獲得した夢枕版『陰陽師』

一九九〇年代ごろは、研究者仲間で会合があったとき、「読んでる？　アレ」「岡野？夢枕？」「夢枕なんかまったく読む気がせんな」などという会話がしばしば交わされたものである。

私はこの頃すでに夢枕氏の『陰陽師』（文藝春秋、一九八八年、一九九一年文庫化）を読んでいたから、当時としては早い読者だったと思う。しかし、私にとって『陰陽師』はまったくといってよいほどおもしろくなかった。なにせ当方、説話の研究者である。夢枕氏の使っているネタがすぐに全部わかってしまったからだ。典拠とそれに依拠したテクストを比較するという方法はおもしろいものだが、夢枕氏の場合は、いくつかの独創を除けば「出典そのまま」を読んでいるような感じだったのである。初期のころは、晴明と相棒の博雅《ひろまさ》の性格づけもまだ曖昧としており、後に氏が確立する「大いなるマンネリ」（博雅が事件と酒を携えて晴明の館へやってくる、という設定）も目立たなかった。改行や会話文がやたら多く、本の下半分が真っ白なままなので、ちょっと損をした気にもなった。

ところが、日本の古典をほとんど知らない人たちは、とてもおもしろかった、と口をそろえて言うのである。陰陽師という存在が、まだ一般には知られていなかったので新鮮に映ったせいであろう。たしかに、「古典文学」というと正座して読まねばならないような、そんな考えの人がほとんどである。『源氏物語』『平家物語』……「ああ、しんどいなあ」つい口をついて出る言葉……。口語訳でも読み通すのは苦労がいる。

そこへ『陰陽師』が出た。単行本の後に文庫版がすぐに出たので、買いやすい、改行が多いので読みやすい、それに、あの平安時代にこんなおもしろい話があったのか……多くの国文「業界」以外の読者はそう思ったのだ。そんなわけで、夢枕氏の『陰陽師』は多くの読者を生み出していったのである。

岡野玲子のマンガ版『陰陽師』

一九八八年八月に『陰陽師』の連作第一冊を上梓《じょうし》した夢枕氏は、その後十数年以上にわたって断続的に晴明の物語を書き継いでいる。数年もたたないうちにそれらは文庫化され、数えられないほど版を重ねている（「あとがきに代えて」参照）。そして、晴明ブームで忘れてはならないのが、夢枕氏原作による岡野玲子氏のマンガ版『陰陽師』（スコラ社、のち白泉社、一九九四〜二〇〇五年）である。岡野氏は、マンガ版の第一巻のあとがきで、「自分のほうからマンガ化を打診した」と述べるように、初めは夢枕氏と彼に導かれた平安の「闇」の世界に魅入られてしまったらしい。そして一九九四年、ついに連載を第一巻としてまとめるに至る。岡野氏は『陰陽師』のほぼ忠実なマンガ化に成功したうえに、小説での夢枕氏の誤りを訂《ただ》し（博雅を「武士」とするようなミス）、時代考証の難しい平安時代の建築物や風俗を丹念に描いている（ただ、周知の通り岡野氏の漫画は一〇巻を迎えたところから夢枕氏の原作を離れて、独自の晴明像を作り上げている）。

もちろん、夢枕氏以前にも、近代文学において、晴明を主人公とした小説の類は存在していたのであるが、第七章で述べるようにそれらに出てくる晴明は、老年に至って験力《げんりき》が認められたという史実に近い晴明像だった。八〇歳を越えた晴明の話が、現代の、特に若い人々にとっておもしろいわけはない。夢枕氏の功績とは、まず晴明をうんと若い美貌の青年にし、そこへ相棒役である貴族の源《みなもとのひろまさ》博雅を配したことであろう。

以前私も書いたことがあるが（拙著『日本古典への招待』ちくま新書、一九九六年、絶版）、晴明と博雅とでは博雅の方が五歳年上なだけで、二人はまさしく同時代に生きていたのである。笛や琵琶をこよなく愛し、逢坂山《おうさかやま》に住む蟬丸《せみまる》のもとへ秘曲を習いに三年通ったという逸話を持つ博雅が、自分より位の低い一介の陰陽師と「タメ口」をきく仲になるというのは、古典研究者からするといささか違和感を感じるのであるが、多くの晴明の同時代人から敢えて博雅を選び出したのは、夢枕氏の小説家としての手柄であろう。夢枕氏は東海大学文学部国文学科出身なので、古典の世界には早くから足を踏み入れていたと想像される。おそらく、そのころから晴明という人物が心の片隅にあったのではなかろうか。夢枕氏の作品については、第七章でもう少し詳しく触れることにしたい。

2　陰陽師の末裔

荒俣宏の『帝都物語』

さて、こんにち『陰陽師』はじわじわと売り上げを伸ばし、ついには一〇〇万読者を獲得するに至ったが、しかし、いわゆる平成晴明ブームは夢枕氏や岡野氏の力だけで生まれたというわけではない。陰陽師という、現代人からするとなにやら神秘的に映る者の存在にスポットライトを当てたのは、一九八〇年代から刊行が始まった、荒俣宏氏の『帝都物語』であったといってよいと思われる。

私のこの憶測と同じことを主張しているのが、私と一つしか年齢の違わない高原豊明氏である。おそらく彼も、私とリアルタイムに『帝都物語』に没入した人なのではないかと想像する。氏は、次のような指摘をしている。

晴明ブームの予兆は一九八〇年代にすでにあった。（略）それは荒俣宏の小説『帝都物語』（全一〇巻・一九八五〜八七・角川書店）の大ヒットである。ただし晴明は登場しない。（「社会現象としての安倍晴明」、『〈安倍晴明〉の文化学』新紀元社、二〇〇二年）

『帝都物語』は、東京という都市を舞台とし、加藤保憲《かとうやすのり》なる陰陽の術を使うあやしい人物が、平将門《たいらのまさかど》の恨みをエネルギーとして都市を破壊しようとたくらむ物語であり、明治から近未来までの長いスパンのなかで、「帝都・東京」を「悪」から守り抜くため、幾多の戦いが繰り広げられる。平成晴明ブームと『帝都物語』との関係に触れている書物はいくつかみえるが、加藤保憲の名が、晴明の師にあたる賀茂忠行の息子・賀茂保憲《かものやすのり》を下敷きとして想定されていることは明白だろう。小説では、加藤は顔の長い異貌とされており、映画ではまさにはまり役の嶋田久作を得て豪華な俳優陣とともに話題となった。この加藤は、「セーマン」と呼ばれる星印を描いたハンカチや手袋を所持し、平安時代の陰陽師と同じようにそれを式神のように用いるのであった。

重なり合う加藤と晴明

高原氏は、『帝都物語』に安倍晴明は登場しないとしているが、魔人・加藤の、多分に陰陽道的な霊力が晴明に由来するということを暗示するくだりは存在する。なにより、荒俣氏自身が、最近の座談会で『帝都物語』に触れてこう語っているのである。

> 安倍晴明そのものではなく、悪魔のような加藤保憲というキャラクターを子孫という形にして展開して、『帝都物語』の中に陰陽師を登場させました。（「今よみがえる陰陽師　安倍晴明」、『安倍晴明公』講談社、二〇〇二年）

また、安倍氏から出た土御門《つちみかど》家という陰陽師の家の平井《ひらい》保昌《やすまさ》が東京を守るため加藤と闘う人物として設定されており、この平井もまた、その出自を安倍晴明に持つのである。たとえば、次のようなくだりからそのことがうかがえる。

> そもそも土御門家は、本朝二千五百年の歴史を通じて最も強大な秘術家の一人といえる安倍晴明にさかのぼる天文暦道の大門である。開祖である晴明は、藤原道長が栄華をきわめた平安朝時代の人物であり、俗説によれば信太の森の女狐を母として生まれたという。歌舞伎・浄瑠璃の登場人物として、広く人々に知れわたり、五、六歳の子供でさえ晴明の名を知っているほどであった。（『帝都物語』第壱番・巻四）

また、巻三の十四では、主要な登場人物である明治の文豪・幸田露伴《こうだろはん》が安倍晴明の伝説を読むというくだりが設けられている。露伴は、近世初期の晴明像の集大成ともいえる『古浄瑠璃　しのだ妻』という和綴じの本を取り寄せ、一日それを読んで過ごしたのである。そして、露伴が読んだおおよその内容が、かなりのページ数を割いて読者に紹介されている。露伴の読んだのは、近世初期に成立したものの散逸し、古浄瑠璃に内容が継承されたといわれる『説経《せっきょう》　信太妻《しのだづま》』である。この作品については第三章で述べることになるが、近代日本人がよく知っていた「狐の母が子と別れる」という伝奇ものである。

物語の展開にはさほど関わりのないように見えるこれらの晴明伝説が、わざわざ紹介されるということの背後には、加藤と平井の霊力の源泉が晴明にさかのぼることを読者に刷り込もうとする荒俣氏の計算がある。ほかの箇所でも、晴明に関する話題は繰り返し記述されており、明治時代に始まる『帝都物語』に、じつは平安時代から脈々と続く晴明の陰陽道が大きな影響を及ぼしていることが強調されるのである。

『今昔物語集』へのアリュージョン

荒俣氏は、加藤の霊力の強大さを積極的に晴明のそれと重ね合わせる記述も行っている。たとえば、晴明説話でもっとも著名であると思われる、『今昔物語集』巻二十四―16「安倍晴明、忠行にしたがひて道を習ふ語《こと》」（『宇治拾遺物語』にも同話がある）のエピソードを加藤になぞらせる場面がある。この話は、晴明の験力を示すいくつかの話題が組み合わされているもので、今まであらゆる「晴明本」（晴明と陰陽道の一般向け解説書）に何度も紹介されているのであえてここで再話することはしないが、要は、広沢の寛朝《かんちょう》僧正《そうじょう》のもとを訪れた晴明に、同席の貴族たちが「あなたは術によって人を殺すことができるそうですが、本当ですか」と問い、晴明が仕方なく草の葉によってカエルを潰して殺す、という部分である。

『帝都物語』では、それは次のような場面として描かれている。「第壱番」が始まってすぐ、加藤が若い文官とともに平将門の首塚にいるシーンである。突然現れたあやしい蟇《ひき》に、加藤は素早く行動を起こす。

ややあって、軍人（加藤）はようやく手をゆるめると、視線で蟇を射すくめたまま、ゆっくりと白手袋を外しはじめた。（略）白手袋が、闇のなかに浮かぶようにして軍人の手から脱げた。甲のあたりに、なにやら黒い染め紋様が見えた。（略）瞬間、石段を登りつめた小さな怪物が、身をひるがえして頂上に跳びあがった。（略）そのときだった。軍人はふいに片手をひるがえし、恐ろしい気合もろとも白手袋を投げつけ

た。蟇はそれに打たれ、ギャッと悲鳴を発し白い腹を仰向けた。長い脚に痙攣が走って、やがて動きをとめた。（第壱番・巻一）

いうまでもなく、加藤の白手袋の甲に描かれたのは、晴明桔梗《せいめいききよう》とも呼ばれる星印、五芒星《ごぼうせい》のセーマンである。現代の晴明神社の本殿に見える紋と同じものだ。『帝都物語』では、これは加藤が魔除《まよ》けや調伏《ちようぶく》に使うものとされている。しかし、今引用した場面においては、これは明らかに晴明説話を下敷きにしているので、白手袋が式神として用いられていることがわかる。つまり、加藤は「式を飛ばして魔物を殺した」のである。引用部分の後を読むと、この蟇は加藤に向けて放たれた敵方からの式神であると説明されている。

エポックを画す

このように、『帝都物語』には晴明説話の影響がみられ、晴明を始祖とする陰陽道の術くらべが通奏低音として常に響きわたっているということができる。その意味で、今の晴明ブームは昨日今日に突然始まったわけではなく、すでに『帝都物語』から荒俣氏によって仕掛けられていたものといえよう。『帝都物語』の読者たちのほとんどは、この本によって陰陽師や彼らが操る魔術的な術を知ったといえよう。

『帝都物語』はその後、微妙にスタンスを変えてゆき、近未来篇では陰陽師の術比べという色は薄まっていったが、少なくとも「第壱番」によって、安倍晴明という名はある程度人口に膾炙《かいしゃ》したのである。荒俣氏は『帝都物語』によって陰陽師という存在を現代人に知らしめたという点で、エポックメイキングな仕事をしたといえる。ただそこでは、晴明はあくまでも「陰陽道の祖」という段階にとどまっており、今のように晴明を「超能力者」や「スーパースター」に祭り上げることはなされていなかった。

3　実像と虚像のはざまで

「かっこいい晴明」の始まり

『帝都物語』はその後、「帝都物語」、「帝都大戦」という二つの映画となり、さらに多くの人々に知られるようになったが、一部のオタクたちを除けば、陰陽師ブームはいったん下火になったかに見えた。ところが、安倍晴明の名とその伝説を知った人々は、一般的な読者の関知しないところで密かに想像力をふくらませていたようだった。そんななか、夢枕氏と歩を同じくして漫画界では岩崎陽子氏が晴明に着目し、『王都妖奇譚《おうとあやかしきたん》』を刊行する（一九九一年一月、プリンセスコミック、秋田書店）。奇《く》しくも夢枕氏の『陰陽師』が文庫化されたのと同じ年だった。岩崎氏が『陰陽師』をその雑誌連載時に知って読んでいたかどうかは私の知るところではないが、どちらが先か、ということを問題にするというより、このころ、晴明という人物に注目する人々が現れつつあった、という事実のほうが重要だろう。

また、岩崎氏が『帝都物語』から晴明に興味を抱いたのかどうかも知るべくもないが、古浄瑠璃や歌舞伎、あるいはいくつかの晴明を題材にした小説（たとえば三島由紀夫などの近代小説）における晴明像を排し、現代的な独自のヒーロー・晴明を生み出したのは氏の功積だといえるかもしれない（三島の晴明物小説『花山院《かざんいん》』については第七章で述べる）。

岩崎氏描く晴明は、アッシュ系の長髪をなびかせる甘いマスクの青年・晴明であり、架空の人物である藤原将之《ふじわらのまさゆき》という相棒とともに「敵」と呪術で闘う、まったく新しい「かっこいい晴明」である。

夢枕氏が、『今昔物語集』や『宇治拾遺物語』などをアレンジして小説化したのとは異なり、岩崎氏はそうした典拠にまったくこだわらず、読者の娯楽としてのマンガ化を果たしている。なぜか陰陽師たちが烏帽子《えぼし》をかぶらない、時代考証がいまひとつ不正確、などなど、私からみれば奇妙なマンガなのであるが、おそらく岩崎氏はそのようなことより、あくまで晴明という存在を借りて「美形のヒーロー」の活躍を描くことに主眼を置いたのであろう。氏のこうしたスタンスは、後に頻出する「若くて美形の青年」としての晴明を生み出す布石となったのではあるまいか。

そうして、『王都妖奇譚』連載中に、夢枕氏の小説が刊行され、一九九四年には岡野氏の漫画の第一巻が発行される。岡野氏の描く晴明は、連載当初夢枕氏の原作をほぼ忠実になぞっていた（都の「敵」、あるいは「仮想敵」として、原作にはない北野天神《きたのてんじん》の怨霊を登場させたり、「真葛《まくず》」という正体不明の少女を晴明宅の住人としたり、というアレンジはあるが）。

岩崎氏、夢枕氏描く晴明は、たとえば澁澤龍彦《しぶさわたつひこ》氏の小説「三つの髑髏《どくろ》」（一九七九年、『文藝』）で花山院の頭痛の原因を占う七〇歳をとっくに越えた晴明とはまったく異なった姿をまとって現代に現れたのである。

国文学におけるブーム

このように、晴明ブームは大衆小説やマンガ、映像のようないわゆるサブカルチャーの世界から生まれ出てきたように思えるが、それは一般の現代人が表面を見ているだけにすぎない。戦後の国史学では、陰陽道の泰斗《たいと》である村山修一氏が、悠々と筆を走らせていたのである（『日本陰陽道史総説』、塙書房、一九八一年）。この本は、現代でも充分意味を持つ陰陽道の本格的な研究書となっている。

国文学で特記すべきは、一九九五年に『平安京のゴーストバスター』（角川書店）を出した志村有弘氏である。この本は、晴明ブームが水面下で進んでいることを察知した編集者が、志村氏とタイアップして作り上げたものではないかと想像する。志村氏は説話から江戸文学、伝奇文学、果ては近代文学までの広い範囲を専門とする研究者であるが、この本の内容は、『今昔物語集』などの晴明説話を、かなり脚色して紹介し、年譜をつけたものである。だが、この本は早くも重版がかかり、題名を『陰陽師　安倍晴明』と変えて文庫にまでなった。

もし私が晴明に関する志村氏の仕事を研究史上に位置づけるとすれば、この本の「年譜」だけが価値を持つ、と考えている。ただし、この「年譜」もすでに、『安倍晴明公』（晴明神社編、講談社、二〇〇二年）に嵯峨井建氏による新しく詳しいものが公になっているので、志村氏の仕事は、「国文学者として比較的早くから晴明という人物に着目した」ということではないかと思われる。

以上、非常に大ざっぱではあるが、『帝都物語』が晴明ブームの基盤にあることを指摘し、ならんで、各界における晴明のテクストを研究史的にまとめてみた。しかし、研究史というものは静的なものではない。時間が止まらないように、人間が老いて行くように、世に出るテクストは私たちの想像を超えるほどのスピードで誕生、変化、変成を行っている。だから、私の役目はこれから始まるといえる。変転する晴明「現象」。つかまえてはするりと抜け落ちるそやつの尻尾を追跡して行くことが、私の目的なのである。

4 「ホントの晴明」なんていらない

研究者の困惑

最近『陰陽道』という本を出した鈴木一馨氏は、第六章「呪者としての陰陽師」の冒頭で、

格好良い安倍晴明を描くべきか、あまり格好良くない安倍晴明を描くべきか、筆者は迷っている。(略)もし、本書が大いに売れることを期待するのならば、「晴明サマ」つまりは「格好良い安倍晴明」を描くべきだろう。(略)しかし、筆者は学問研究をしているのであるから、その良心にしたがって史実をここで明らかにしなければならない。(略)そういえば、以前、大学の講義で「格好悪い安倍晴明」の話をしたら、単位レポートに「安倍晴明のイメージがつぶれてしまった。授業を受けなければ良かった」と書かれたこともあった。

という一文を載せている。氏の困惑に、私は同じ研究者として同情を禁じ得ないが、あえていえば、鈴木氏の記す「格好悪い安倍晴明」も、学生たちの思い描く「格好良い晴明」も、同じものなのである。つまり、晴明に対するイメージは、なんらかのメディアで知ったイメージがその人のなかで独り歩きするものだからである。一人の人間の、史実も、伝承も、切り口が違えばまったく違うものになる。たまたまマンガで晴明を知った学生がいたとしたら、彼や彼女の晴明イメージは、若くて超能力者でかっこいいものであるはずである。一〇〇人の人間がいれば、一〇〇の晴明のイメージがあると言っても過言ではないのだ。

「ただの官人」

しかし、私が講義で晴明をあつかうときには、マンガで描かれる美形の晴明については、若い学生に「本気にするな」といちおうは釘をさしておくことをする。たとえば、「歴史記録に見る晴明の年譜」からうかがえる晴明の姿はとても地味である。こうした記録類からある人物の姿形をイメージすることなど正直言ってできはしないのである。記録の世界では、晴明は保憲の息子の光栄《みつよし》としばしば行動をともにし、喚《よ》ばれた仕事を無事成し遂げて帰って行くだけのただの官人だ。

こう言うと反発も予想されるだろう。数年前、ＫＢＳという京都のテレビ局の番組に晴明特集をやるからと引っぱり出されたことがあるが、私がことあるごとに「晴明はただの官人」と発言していたところは見事にカットされていた。

もう一つの「格好良い晴明」は、『宇治拾遺物語』や『今昔物語集』巻二十四に載っている、いろいろな術を使う陰陽師であるが、これとてさほど「かっこいい」とか「超人的だ」などと私には思えない。「いや、そうではない。晴明が超能力者であるということは、すでに『今昔物語集』などの説話に描かれているではないか」という人がいるかもしれないが、平安から鎌倉時代にかけて現れる晴明説話では、呪詛《じゅそ》されている人を救ったとか、カエルを殺してみせたとか、箱の中身を当てたとか、そのような話ばかりで、この程度の「活躍」は、晴明だけの特許ではないのである。『今昔物語集』巻二十四に収載された他の陰陽師たちも晴明と同じような、いやそれ以上の術を駆使している。たとえば弓削是雄《ゆげのこれお》の夢占い（第十四話）、占いに手落ちがあって、「なにものか」に追い回される慈《しげ》（滋）岳川《おかのかわ》人《ひと》（第十三話）などなど、である。

説話の世界では、昨今のマンガや映画のように、晴明が「都を侵す強大な敵」を相手にダイナミックな呪法合戦を繰り広げるというような場面は絶えてない。そのような晴明像は、あくまで現代に生み出されたものであることを認識しておく必要があろう。

「晴明現象」一〇〇〇年の歴史をたどる

『帝都物語』で火種がついた陰陽師ブームは、岩崎氏、夢枕氏、岡野氏のマンガや小説を経て晴明ブームへと発展することになった。今なお衰えを見せないこのブームを、私は仮に「晴明現象」と名づけることにする。本書は、この「現象」を、時代をさかのぼって考察し、現代のブームが生まれ来た歴史をたどって行くことを目的にしている。したがって、今刊行されている晴明に関する多くの書物のように、『今昔物語集』をはじめとする説話を長々と紹介して事足れりとすることはしないし、すでに歴史家によって指摘されているような、晴明の史実と虚構との違いを云々することもしない。あくまで「今」に軸足を置きながら、「晴明現象」を私なりの方法によって分析することが最終の目標である。

だからこの本は、これから晴明について初歩から学んでみたい、という人にはやや不親切かも知れない。たいていの「晴明本」に懲《こ》りずに繰り返される『今昔物語集』等の説話の現代語訳などは、ここにはないからである。一つの小説、あるいはマンガを読んだうえで、晴明そのものを知ろうと思い立ち、わずかながらも晴明の事跡を知っている人のために、今巷《ちまた》にあふれているいわゆる「晴明本」には書かれない晴明についてできる限り記そうとしたのが本書なのだから。したがって、今まで晴明に関心を抱き続け、多くの似たような「晴明本」の海でおぼれている人にこそ読んでいただきたい、と願っている。

第二章　院政期における「晴明現象」

1 「晴明現象」とは?

院政期は「晴明ブーム」?

第一章で、私は「晴明ブーム」と「晴明現象」とをあえて区別しないで用いてきたが、本論に入る前に、その違いをいささか明らかにしておきたく思う。

一九九七年、みうらじゅん氏が「マイブーム」という言葉を造語して新語・流行語大賞トップテンを受けたことがあったが、あれは、「自分だけが熱心になっていること」という意味だった。つまり、「ブーム」とは、辞書的にいうと、

1. にわかに需要が起こり、価格が暴騰すること
2. 転じて、一つのものが熱狂的人気の対象となる現象

である(『新潮国語辞典』)。

もちろん、今問題にしているのは2のほうである。「ブーム」とは、現代のように人々が安倍晴明という人物に熱狂しているさまをいう。しかし、厳密にいうと、安倍晴明が

「ブーム」になったのは前章にも述べたように、一九九〇年代以降であり、その原因は、主に大衆小説とマンガ、そして映画という、いわゆるサブカルチャーであった。『今昔物語集《こんじやくものがたりしゅう》』の原文も読んだことがないのに、「晴明さま」などと呼び、まるで自分が主人公になったかのような熱狂ぶりを見せる人がまことに多かった。

ただし、私が「ブーム」という言葉を使うのを躊躇《ちゅうちょ》するのは、過去において晴明という人物が「人々から熱狂的に関心を持たれる」という状況が数回しかなかったといってよいからである。いや、『今昔物語集』巻二十四を見てみろ、晴明の話ばっかりではないか、などと言われるかもしれないが、『今昔』巻二十四は医術や巧工といったいわゆる「職人」と呼ばれる人々の説話を集めた巻であって、晴明の話が多いからといっても、ほかの陰陽師の説話と等しく並べられており、特別な扱いを受けてはいないのである。

その意味では、『今昔物語集』が成立した一二世紀において、人々が晴明に熱狂した、ということはいえない。したがって、院政期に晴明説話が集中しているからといってそれは「ブーム」ではなく、「あらわれたさま、有様」（『新潮国語辞典』）という意味を持つ「現象」と呼ぶほうがいいのだと私は考えている。

しかしながら、なぜ院政期に晴明の説話が他の陰陽師と比べて格段に多いのか、という疑問は残る。その「多く残る」という事実じたいを、私は「現象」と名づけたいのである。

さて、どんな晴明本にも記されていることだが、晴明は『安倍氏系図』や『医陰系図《いいんけいず》』によると、大和守《やまとのかみ》や大膳大夫《だいぜんたいふ》を務めた安倍益材《あべのますき》を父に持ち、天文博士《てんもんはかせ》の他にも父と同じ大膳大夫の職につき、後半生は穀倉院別当、従四位上で亡くなっていると記されている（一五頁）。生年は不詳だが、一〇〇五年（寛弘二年）に没しているので、逆算すれば九二一年（延喜二一年）に誕生したことがわかる。嵯峨井建氏の年譜研究によると、晴明が当時の公家日記に登場し、能力を発揮するのはようやく四〇歳を越えてからで、位があがるのは六〇歳を過ぎてからである（「安倍晴明公の史料」、『安倍晴明公』講談社、二〇〇二年）。若いころの事跡はまるでわかっていない。だから、白皙《はくせき》の美青年が事件を解決する、という現代にもっとも多い晴明像は作家たちがストーリーをおもしろくしようとして作り出したものにすぎない。

「現象」は死後一〇〇年で始まった

晴明没の一一世紀初めから約一〇〇年。なぜか『今昔物語集』や『宇治拾遺物語《うじしゅういものがたり》』といった説話集に晴明説話がかたまって登場するようになる。もちろん、この後も『古今著聞集《ここんちょもんじゅう》』『古事談《こじだん》』などの鎌倉時代の資料にも登場するが、一介の陰陽師の話がこれほど数多く集中して収載されるようになったのはなぜだろうか。『今昔物語集』には、晴明説話は巻二十四中に四話記されている（題名だけが残っていて内容がわからないものもある）。『今昔』以後の説話集では、近世までに『宇治拾遺物語』、『古今著聞集』（『撰集抄《せんじゅうしょう》』も同話）、『無名抄《むみょうしょう》』、『古事談』（『宇治拾遺』、『十訓抄《じっきんしょう》』と同話）、『続古事談《ぞくこじだん》』、『私聚百因縁集《しじゅうひゃくいんねんしゅう》』にも晴明の姿はうかがえるが、晴明の幼少期から絶世期を綴ったものはなぜか『今昔』に集中している。

　普通、人が死後説話化されるにはある程度の時間を要するものである。ところが、晴明の場合は一〇〇年足らずで四話も『今昔物語集』に収載されるに至る。これはやや異常な状態といってよく、こういう一般的な人とは異なる扱いを受けた晴明には、やはり何らかの伝承が生存中から生まれていたことが想像されよう。こうした、「異常な状態」を私は「晴明現象」と規定したいと思う。だから、院政期の資料に出現する晴明は、「ブーム」とはいえない。たとえば、内裏《だいり》の女房たちが『今昔』を読んで「きゃー、晴明さま素敵」などといったブームはなかったといえる（念のため申し添えておくと、『今昔』は編纂後まもなくある寺院の蔵に秘蔵され、女房などが簡単に読めるようなものではなかった）。

　だから、院政期における晴明説話の多さは、「ブーム」ではなく、「多かった」という意味の「現象」というべきである。ここまで煩雑なことばかり述べてきたが、「現象」という言葉の意味を規定しておきたかったのである。

2　院政期の晴明イメージ

『今昔物語集』の晴明

さて、ようやく本題に入ることができる。本章では、院政期という、晴明没後ほどない時代になぜ晴明説話が多く現れたのか、ということを解明してゆきたいと思う。

『今昔』巻二十四には、陰陽師が主人公となる説話が全部で七話ある（本来は八話だが、第十七話は本文が欠けている）。その中の四話に晴明が現れるのだから、かなりの多さといってよいだろう。しかも、四話には晴明が幼いころに賀茂忠行を師として陰陽道の修行をしたことに始まり、ついに土御門家という陰陽家の祖となるという、いわば晴明の一代記ともいえる記事が並べられている。特に第十六話は、「而《しか》ルニ」や「亦《また》」といった接続語を文頭に持つ複数のエピソードを集めたものであり、『今昔』が接続語を用いてそれまでに伝承されていた話のかけらを繋いでゆく手法がとられているので、この話には晴明説話のエッセンスが濃縮されていると考えられる。

小説『陰陽師』で大ブレイクした夢枕獏氏は、この四話を縦横に用いて晴明という人物を小説化しているが、それほど晴明の験力を強調する説話になっているのである。

意外に地味な姿

ただ、巻二十四―16には、確かに少年期からの晴明の人並みならぬ験力が綴られているが、それを列挙すると、

1. 師の忠行より先に百鬼夜行《ひやつきやぎよう》に気づいた
2. 播磨国《はりまのくに》から腕試しに登ってきた陰陽師の式神を隠してしまい、陰陽師は晴明の弟子となった
3. 広沢の寛朝僧正のところで、「人を殺せるか」と公達《きんだち》にいわれ、しかたなく草の葉でカエルを押し殺した
4. 晴明の家には家人がいないようだが、目に見えぬ式神が家事をしているらしい

というもので、正直いって、現代人が「超能力者」と呼ぶほどの活躍とは思えない。『今昔』が説話の最後に、「今でも土御門家の祖として崇《あが》められている。だから、晴明はただ者ではなかったのだ」と評する通り、この説話の意義は、晴明が超能力者だということを強調するよりも、その子孫が今（院政期）も活躍しているのだ、という、いわば土御門家の由来を語るものとなっている。

今の小説やマンガのような強烈な験力比べなどは、院政期以前にはどこにも書かれていないことがわかる。むしろ、晴明より巻二十四―13の慈（滋）岳川人（陰陽博士とされる）のようなほかの陰陽師たちのほうがマンガ的な活躍を披露しているし、名前は知られないものの、実際に人を呪い殺した陰陽師さえ現れるのである（巻二十四―18）。だがなぜ、晴明説話のほうが『今昔』に多く採られているのだろうか。

院政期という時代

その理由は、院政期という平安世紀末の世相にあると思われる。院政期とは、摂関政治の時代が終わり、天皇よりも天皇を退いた上皇や法皇が政治を行うという変則的な政治形態である。このころの天皇は、ほとんどが幼帝で実際の権力はなく、その祖父などが裏で政治を操っているという状況なのである。上皇たち「院」のまわりには院の近臣と呼ばれる人々がまとわりつき、「シャドウキャビネット」のようなものを作っていたのだ。

また、一〇五二年に末法《まつぽう》に入る、と言われて半世紀、世紀末の人々の不安は頂点に達していた。天変地異、世情不安、都の荒廃、武士と公家の対立、などなど、まるで現代の世の中を見るような時代である。こうした人々の心が不安定なとき、決まって現れるのが「スーパースター願望」であろう。『今昔』のなかに描かれるように、夜盗やホームレスの徘徊、道路に放置された死骸、朱雀大路には牛馬の糞がごろごろし、水無月《みなづき》には決まって伝染病がはやる……。こうした都の危機を救うことができる人物を、人々は待望していたに違いない。

この時代は、僧侶もまた数々の効験《こうげん》を現したが、主に皇族や貴族のために力を尽くす僧侶に対して、陰陽寮というお役所の一役人ではあるが、数々の伝承を残す陰陽師としての安倍晴明のほうがより人の心をとらえたのではあるまいか。後に天文博士になり、位はあがっても、陰陽寮の一陰陽師として公務をこなしていたはずの晴明であるが、没後おそらくすぐにその験力を示す伝承が生まれ、人々はその力に多大な興味を示したと推測される。

また、花山法皇や藤原道長といった有名人との関わりの深さも、晴明の験力が高く評価される理由の一つであろう、とくに、老年に至った晴明は「蔵人所陰陽師」といって、天皇直属の占い師となっていた。

このように、晴明は彼自身が生存している間はまったくといってよいほど歴史の表面に姿を現さないが、世紀末ですさんだ院政期という時代になって初めて、彼に強力なスポットが当てられるに至ったのである。

ただ、験力への期待というだけでは、晴明を上回る活躍をした陰陽師もいたわけだから、院政期の「晴明現象」は説明できない。ここに、もう一つの補助線を引いてみよう。それは、奈良時代、遣唐使として唐に渡った吉備真備《きびのまきび》という人物の活躍ぶりなのである。

3　吉備真備という人

鬼を見る

院政期の説話世界では、もしかすると晴明以上にスーパースター化されていたかも知れない吉備真備は、周知のように、奈良時代、遣唐使として唐に渡り、帰国後朝廷で重用された人である。晩年の大江匡房《おおえのまさふさ》が蔵人実兼《くろうどさねかね》に語った『江談抄《ごうだんしょう》』には、時期的にもっとも早く、しかも詳細な吉備の入唐《にっとう》説話が載せられている。この話は、後に『吉備大臣入唐絵詞《きびだいじんにっとうえことば》』という絵巻になったので、非常に有名なものだったらしい。内容はいろいろあるのだが、晴明と関係があるエピソードをまとめると次のようなものである。

漢詩を作らせても何をさせてもそつなくこなす吉備の才能があまりに優れていたので、唐の人は自国の恥だと思い、生きては出られないという楼に閉じこめてしまう。その夜、吉備のもとへ客死した元遣唐使である安倍仲麿《あべのなかまろ》（阿倍仲麻呂）が鬼となって現れる。仲麿は、みずからもこの楼に閉じこめられ、故郷も見ずに死んだことを嘆き、吉備に日本の状況を聞く。そして、鬼は吉備がここから出られるように手を貸してくれる。

この説話で注目すべきは、吉備が鬼を「見る」ことができたということ、そして、鬼が現れたとき、「隠身《おんじん》の封《ふう》」をなしたと記されていることである。一般人であれば、楼にやってきた鬼を見ることができず、おそらくはその「気」だけで息絶えてしまっただろう。若き日の晴明が、師匠である忠行の供をしている途中、「えもいはず恐ろしき鬼ども」（なんとも筆舌につくしがたく恐ろしい鬼たち）を「見た」ように（『今昔物語集』巻二十四—16）、陰陽の道に通じている者には、鬼を見る能力があったと考えられていたのだ。晴明の告げを受けた忠行は、ただちに術法を以てたちまち自分や供の者たちの姿を見えなくする、という対処を行う。これは「遁甲《とんこう》」や「隠身」と呼ばれる陰陽道の術である。したがって、吉備の場合も、鬼を見、姿を隠す術を使うという点で、陰陽道を会得した人物と見なされていたことになる。

晴明をしのぐパワー

では、吉備はいったいどのような陰陽道の術を使ったのだろうか。これも『今昔物語集』にいくつかの説話が載せられているので、かなり有名であったと思われる。まず、巻十四―4では、次のような説話が語られている。

天皇に愛された女が死に、天皇からもらった金入りの箱とともに石淵寺に葬られるが、なぜかこの寺に参詣した人が次々と死んでゆく。そのとき吉備は、「私がその石淵寺に参ってみましょう」と思い、夜、ただ一人堂に入って仏前に座った。彼は「陰陽の方に達《さと》れるによりて」（陰陽道を極めた人なので）まったくおそれもせず、術を使って「身がため」をしていたところ、女の霊が現れ、法華経書写を願った。この女が鬼となり人々を喰らっていたのだが、吉備の験力に鬼は屈してしまったわけである。

あるいは、こんな話もある（『今昔』巻十一―6）。

奈良時代、藤原広継《ふじわらのひろつぐ》が死んで悪霊になった。天皇は吉備に広継の墓へ行くことを命ずる。吉備は「陰陽の道に極たりける人」（陰陽道を極めた人）だったので、「身がため」の術をみずからに施し、広継の霊をねんごろに説得したところ、悪霊の出現は止まった。

他にも、時代は下るが史書である『扶桑略記《ふそうりやつき》』第六、天平七年四月条には、「或記《あるき》に云はく」として、吉備が日月を封じてしまったので一〇日の間闇の世界になってしまった、というスケールの大きな吉備の術が記されている。占ってみると、唐に留学したものの帰国の勅令が出ないので吉備が実力行使した、ということがわかった。これなど、晴明の術よりはるかに優れているともいえる。

陰陽道の祖？

吉備は大臣という高級官僚であったが、これらの陰陽道の術を見ると陰陽師とほとんど変わりない能力を持っていたと見なされていたといえる。吉備は陰陽寮とはまったく関係のない人物であるので、自力で陰陽道を極めたということになる。陰陽寮のほうでも吉備の能力に一目《いちもく》置いていたようで、陰陽道で用いる『中臣祓《なかとみのはらえ》』という書物を唐から持ち帰ったという伝承や（『六字河臨法《ろくじかりんほう》』）、現存していないが『大唐陰陽書』という書物が彼の所伝だという話などがある。

吉備麻呂――（略）――忠行――保憲――光栄

忠行：従五上、陰陽博士、丹波権介、

保憲：造暦　宣旨、穀倉院別当、暦博士、天文博士、陰陽頭、従四上、

光栄：造暦　宣旨、右京大夫、大炊頭、暦博士、従四上、

賀茂氏系図

（『医陰系図』による）

このような説話や伝承を勘案すると、院政期において吉備が陰陽道の祖と位置づけられるようになった経緯は想像に難くない。

陰陽道とは中国から日本に輸入されたものではなく、中国の陰陽思想や五行思想が日本に入った結果、日本で独自に生まれたものであるということはもはや定説になっているが、吉備はそうした日本での陰陽道を作り上げた人物とされたのだろう。

その理由の一つは、賀茂氏系図の始祖に、「吉備麻呂《きびのまろ》」という人物があてられていることである。吉備麻呂と吉備真備との名前の近さが混同を来《きた》したのだろう。吉備麻呂は実在し、播磨国守などをしていたが、その期間、吉備真備は入唐中だった。河原正彦氏は、

明らかに吉備麿《(ママ)》と真備とは、ほぼ同時代に生きた別人ではあるが、非常に混同されやすい状況にあったことは確かである。（「『吉備大臣入唐絵詞』の成立と陰陽道」、『文化

史研究』一五号、一九六三年）

と述べている。また、氏は、

まさにその江談抄に載せる話が語られるようになったのは、賀茂光栄、安倍晴明の没後間もない、賀茂・安倍両家の勢力争いが開始された時代でもあったのである。

と興味深い考察をしている。つまり、院政期に吉備の超人化が図られたのは、賀茂氏と安倍氏が「われこそは陰陽道の正統なり」と言い出し、その祖先として吉備麻呂に似た名前の吉備真備を重視したからなのである。

この吉備を始祖とする陰陽道の正統を受け継いだと考えられたのが、晴明だったのである。そして、晴明と吉備とをつないだのが、吉備を助けた安倍仲麿だったのだ。

4　安倍家の祖

安倍仲麿と吉備真備

安倍仲麿（阿倍仲麻呂）についてはここで改めて説明する必要もないだろう。遣唐使として入唐し、唐の天子に気に入られ重用されたものの、結局日本へ帰ることなく異国の地で亡くなった、という悲しいエピソードを持つ人物である。故郷恋しさに、「三笠の山に出でし月かも」の詠を残していることでも有名だ。

ところが、この仲麿の死について、『江談抄』はまったく異なった説を載せているのである。吉備真備が楼の上に幽閉されたとき、鬼となった仲麿がやってきたことはすでに述べたが、なぜ鬼となったかというと、

我は大臣にて来て侍《はべ》りしに、この楼に登らされて食物を与へずして餓死すなり。その後鬼物となる。

（私は大臣として唐に来たのですが、この楼に登らされて食べ物を与えられず餓死したのです。その後、鬼の姿になりました）

というショッキングな経緯があったからなのである。仲麿は続けて、「私は人を害する気持ちはありません。しかし、日本から来た人に日本の様子を聞こうとしても、鬼の気にあたったのか、答えないで死んでしまうのです。だから、あなたに会えてとても嬉しい」と喜んだ。

これは史実ではないが、仲麿の死については日本においていろいろな噂が飛び交っていたのだろう。仲麿が鬼になったのは、餓死させられた恨みによるものと思われる。そんな鬼と普通に対峙《たいじ》できるのは、陰陽の道を極めた吉備だけだったというわけである。

仲麿が聞きたかった日本の状況は、何よりも自分の子孫がどうなっているか、ということだった。

我が子孫安倍氏侍るや、（中略）我が子孫官位侍りや。

（私の子孫の安倍氏はちゃんと続いているでしょうか。私の子孫たちにはそれなりの官位がありますでしょうか）

仲麿は吉備にそう尋ねた。鬼になっても子孫のことを考える、いや、鬼になってしまったからこそ我が安倍家が安泰であるかがもっとも気にかかるのである。これに対して吉備

は、

吉備は某人《かのひと》に答へて、某人の官位次第、子孫の様七、八ばかり語らしむ。

（吉備はその人に答えて、その人の官位のなりゆきや子孫の様子を七、八人ばかり語った）

ちなみに、「某人」というのは仲麿を指すと思われる。仲麿は死後一種の名誉として官位があがったし、その子孫も朝廷で官人としてそれなりの官位をもらっていたのである。このことは、管見によると史書には出てこないが、安倍家の存続は確かな事実として語られた。吉備の答えを聞いた仲麿はたいそう喜び、「このお礼に、私が知っていることをすべてお教えしましょう」と言った。そのおかげで、吉備はこのあと唐の帝から与えられるさまざまな難題をこなしていくことができるようになったのである。

仲麿から晴明へ

仲麿自身とその子孫については、『尊卑分脈』、『安倍氏系図』などでは確認できないが、わからないからこそ、『江談抄』が書かれた院政期の人々は、仲麿と同じ姓を持つ晴明を仲麿の末裔《まつえい》と解釈したのではないだろうか。もちろん吉備の入唐は奈良時代のことで、平安時代の晴明が吉備と同時代人であるわけはないのだが、『江談抄』や『吉備大臣入唐絵詞』はあくまで院政期に作られたものであり、読者が「安倍氏イコール安倍晴明」と考えてもおかしくはない。『今昔物語集』などでの活躍ぶりは、安倍氏といえば晴明、という図式を人々の脳裏に刷り込んでいたと思われる。

『安倍氏系図』や、『医陰系図』の安倍氏の部分では、むろん、仲麿などという名前は出てこない。晴明の祖先は左大臣・安倍倉橋麻呂《あべのくらはしまろ》（麿）となっている。しかし、『医陰系図』には小さな文字で倉橋麿のところに「一名仲麿」という書き入れが見出せるのである。事実としては仲麿と晴明とは血のつながりはなく、倉橋麿に仲麿という別名があったわけはなかろう。だが、この後代の書き入れは、仲麿が晴明と安倍家という紐帯《ちゅうたい》で結ばれているという当時の人々の伝承を語っている。

時代が室町まで下ると、慶應本『大江山しゆてん童子』という御伽草子《おとぎぞうし》に、酒呑童子《しゅてんどうじ》による都の騒ぎを占わせるために天皇が晴明を禁中に召すという場面がある。ここでは、

かのせいめいと申は、そのかみ、あへの中まろかもんやう、大せんのたいふよしきか子なり。

（この晴明と申す人は、安倍仲麿の子孫で、大膳大夫のよしきの子である）

とまで断言されるに至るのである（「よしき」という父の名前は「益材」の誤りだろう）。

早すぎる「晴明現象」の始まり

実際、唐での試練をクリアした吉備が無事帰国を果たし、唐でのゆかりによって仲麿の子孫と接触し彼に陰陽道を伝授した、という伝承があるのである。時代は一七世紀ごろに下るが、晴明作に仮託された陰陽道書『簠簋内伝《ほきないでん》』の注釈書である『簠簋抄』の「由来」と題された部分では、晩年になって吉備が命を助けてくれた仲麿の子孫である「安部《（ママ）》童子」に唐から持ち帰った『金烏玉兎集《きんうぎょくとしゅう》』を譲った、と記されている。「安部童子」が後の晴明であるということになっている。そうして安倍家に流入した陰陽の道の大成者が、ほかならぬ安倍晴明だったという噂が、院政期において「晴明現象」を引き起こしたと考えることもできよう。

なにより『簠簋内伝』冒頭には、

天文司郎安倍博士吉備后胤清明《（ママ）》朝臣　撰

と、晴明が吉備の末裔であると記されている。

このように、吉備真備は晴明の陰陽道の術法の正統性を保証する人物として機能するようになったのである。中世後期から近世にかけて「狐の子」だという伝承が流布したことからわかるように、晴明の出自は明らかではない。次章で詳しく述べるが、父の名前さえ、『安倍氏系図』では益材、伝承では保名《やすな》、と一定しないくらいである。

しかし、晴明が説話化されるにあたり、陰陽道における彼の強大な力の源泉を何かによって説明する必要が生じたのだろう。晴明の験力は、吉備入唐説話という説明装置を介在させることにより、その起源を奈良時代にさかのぼらせるという権威づけが行われたといえよう。

晴明没後一〇〇年、ここに早すぎる「晴明現象」が起きたのである。

5　院政期と禁忌の世界

陰陽師のニーズが増える

院政期という時代が「晴明現象」を引き起こした理由は二つある。それは、この時代、それ以前にはなかった陰陽道の禁忌が増えたことである。禁忌とは文字通り「してはならないこと」で、陰陽道ではそれを占って暦を作ったり、禁忌に対応するための儀式を行ったりした。禁忌が増えると自然に陰陽師の出番が多くなる。そこで人々は晴明のような活躍を陰陽師に求めたのである。

そしてもう一つは、陰陽道が皇室や高位の貴族のような高貴な人たちだけのものではなく、位の低い貴族や受領《ずりょう》たち、一般人の層にまで下がってきたことが挙げられる。もちろん、それまで陰陽道が高貴な人たちだけに独占されていたわけではないが、陰陽寮という役所の官人がそういった人々を対象にしてきたことは事実である。しかし、院政期には陰陽寮に属さない民間の陰陽師が数を増し、人々の要求に応えるようになったのである。民間の陰陽師がいつごろから活動を始めていたのかは資料が乏しいのでわからないが、少なくとも『今昔物語集』には「隠れ陰陽師」（巻二十四―18）という、いわばもぐりの陰陽師がいたという記述が見られることからも明らかである。こうした民間陰陽師はしばしば晴明を祖と仰ぎ、みずからを「晴明の弟子」とでも名乗っていたのではあるまいか。

野田幸三郎氏によると、平安中期までの陰陽寮の陰陽師の職務とは、天皇をはじめとする貴人に仕え、国家の運営をとどこおりなく行うための行事をつかさどることだった（「陰陽道の一側面」、『陰陽道叢書1』名著出版、一九九三年）。なかでももっとも大きな仕事は、天文や暦の知識を以て災害や疫病を避けたり、ケガレを祓うことである。端的にいうと、天皇のケガレを祓うことは国家を守ることと同じだったわけである。

これを陰陽寮による公的な仕事とすると、個人にかけられた呪いやまじないを解除《げじょ》する行為は、もっと私的なものだった。方違《かたたが》えや物忌《ものい》みの方法を指南するのも陰陽師の役目である。生前の晴明も、必ずしも国家的行事だけではなく、たとえば、小野宮実資の日記である『小右記《しょうゆうき》』寛和元年（九八五）四月十九日条のように、大臣藤原実資《ふじわらのさねすけ》家の女房のお産の遅れのためお祓いをしたりしている。ただ、平安中期以後、陰陽師の活動は国家的儀礼だけでなく、私的な領域におけるものが目立ってくるのである。

過剰化する禁忌

というのは、院政期にはそれまで以上に新たな禁忌が生み出され、人々の行動を規制することが多くなったからである。村山修一氏によると、「院政下、政治の遊戯化と内乱や政局の動揺が災異報告を激増せしめた」（『日本陰陽道史総説』）といい、「これにつれて新しい陰陽道的禁忌も続々創案され、その可否をめぐっての議論が活発化した」という。村山氏は、「院政期の新しい禁忌」の代表として、金神《こんじん》の方忌《かたいみ》を挙げている。

金神という神は後、晴明の著に仮託される『簠簋内伝』巻一にも「金神七殺方」「金神毎月遊行」として見えているが、具体的にどのような神かはわかっていないようである。山下克明氏によると、金神は「その年の十二支により所在の方角を移す遊行神であり、金神七殺方とも称され万事を忌む凶神」であるという（『平安時代の宗教文化と陰陽道』岩田書院、一九九六年）。

一例を挙げると、仁安三年（一一六八）六月二二日、六条天皇が金神七殺を避けて方違えを行ったのは、当時の陰陽博士である賀《か》茂在憲《ものありのり》と安倍泰親《あべのやすちか》の上奏によるものだった。この金神の禁忌は院政期になって見え始めるもので、禁忌が陰陽師や、陰陽道の心得を持つ学者によって次々と考案されていたことがわかる。とくに、先に挙げた金神は、陰陽師ではなく、院政期にさかんに学者の清原氏によって主張された（金井徳子「金神忌の発生」、『陰陽道叢書1』名著出版、一九九三年）。

禁忌をわざわざ設ける意味は、「禁忌を守っていれば大丈夫」という、一種の安全保障である。つまり、何か悪いことが起こらないように、あらかじめいろいろな禁忌を作ってそれに従っていればよい、ということだ。院政期という時代の揺動期にあって、人々の不穏な心が過剰なまでの禁忌を生み出したのである。

この状況は、院政期の仏教とも通じ合っている。速水侑氏によれば、仏教のほうでもそれまでにはなかった修法《しゅほう》、とくに五壇法《ごだんのほう》のような密教の修法がこの時期次々と成立しているのである（『平安貴族社会と仏教』吉川弘文館、一九七五年）。

平安な時代を反映する

今までの価値観が揺らぎ、国家が空洞化して行く状況では、人々の関心は国家よりも個人の安泰に向かって行く。それが極限に至れば、自分の命というミクロな点に収縮されるだろう。このとき、陰陽師には、国家官僚から個人の救済者という役割が求められるようになる。陰陽道には、中国の民間信仰と習合した泰山府君祭《たいざんふくんさい》や招魂祭といった、人の命をコントロールする術法があるが、院政期になると密教の閻魔天《えんまてん》供《く》や冥道《みょうどう》供《く》と影響を及ぼしあって、これらがさかんに行われるようになる。いうなれば、「国より自分」というわけで、延命や息災を祈る儀礼が流行したのである。

先に述べた、一般人への陰陽道の浸透も、じつはこのような陰陽道の個人化ということで説明がつく。民間陰陽師たちの活躍は、こうした個人を対象とすることで高まったのであろう。陰陽師は、命の危機を救う者としての役割を期待されていたのである。式神を使って貴人にかけられた呪いを解く晴明、というイメージは、個人の命を守るという役割への期待から生まれたものではなかっただろうか。

6　命の祭り代え

人の命をコントロールする

人の生死を掌握する者としての晴明は、「命の祭り代え」を行うという説話に端的に現れる。『今昔物語集』巻十九―24はその代表的な説話である。これは出典未詳話だが、鎌倉時代の説話集である『発心集《ほっしんしゅう》』や『宝物集《ほうぶつしゅう》』などの説話集に類話が見られ、後に『泣不動縁起』という絵巻にもなる有名な話である。内容は次のようなものだが、『今昔』では主人公の名前が欠字になってわかりにくいので、ここでは便宜上、『発心集』にしたがって実名を入れた。

三井寺《みいでら》の智興《ちこう》という高僧が病にかかり、日数が積もってますます重くなった。弟子たちが嘆き悲しんで祈禱するが、まったくよくならなかった。そこで、陰陽道を極めた安倍晴明を呼び、命が助かるという泰山府君の祭をさせようとした。晴明が占うと、「このご病気はきわめて重く、たとえ泰山府君の祭をしてもよくはならないでしょう。ただし、この病人の代わりにお一人お弟子をお出しなされ。そうすれば、病人の代わりにその名を都状《とじょう》に書いて、命の祭り代えをいたします。そうでなければ、私の力の及ぶものではございません」と言った。しかし、誰も身代わりになる者がいない。しばらくして、証空《しょうくう》という貧しい僧が、「同じ死ぬなら、今、師の代わりに私が死にましょう」と言い出した。晴明は都状に証空の名を記して、ねんごろに泰山府君の祭を行った。ところが翌日、証空は死なず、智興も病が癒えた。晴明は「お師匠さまもあなたももうご心配はいりません。死なずにすんだのですよ」と言って帰って行った。

ここで晴明が「命の祭り代え」と言っているのは、泰山府君祭のことである。泰山府君とは、中国の泰山の神に由来を持ち、人の生死を掌握している陰陽道の神であり、密教の閻魔天とも習合していることから、命を自由に操れる存在とされた。「都状」というのは、陰陽道の祭を行う際に読み上げる漢文の文章のことである。『発心集』や『泣不動縁起』では、師と証空が助かるのは不動明王に祈ったおかげという展開になっているが、『今昔』ではあくまで晴明の手柄であると解釈されている。

過大な期待がイメージを膨らませる

この説話では、晴明ら陰陽師が定められた寿命をもコントロールできると考えられていたことがうかがえる。時代は下るが、鎌倉時代成立の『私聚百因縁集《しじゅうひゃくいんねんしゅう》』巻九―25にも、大和葛城《かつらぎ》の貧乏な家の翁が、病に悩む我が子のためにはるばる晴明を訪ねてくる場面がある。ここでも晴明は「寿命だからしかたありません」といったんは言うのであるが、悲しむ翁に、「あなたが悲しむのを見るとまことに哀れです。それでは、命の祭り代えをしましょう」と答えている。

さらに、『今昔』、『私聚百因縁集』で注目したいのは、晴明が天皇でも貴族でもない僧や一般人に術法を施そうとしている点である。先に述べたように、陰陽師が対象とする人々の位相が下がってきているのである。史実では、晴明が貴族以外の一般人を対象とする記録は見られないが、時代が下るにしたがい、人々は「晴明のような陰陽師に術法を頼みたい」という希望を持ったのだろう。それが説話世界のなかでは晴明その人を登場させることになったのだと思われる。

人々は、もっとも大切な命を守るために、陰陽師に過大な期待をかけていた。その「期待の地平」が、晴明という過去の著名な陰陽師一人に集約していった結果、院政期の説話化された晴明像が生まれたのである。国政の不安定、人心の不穏な院政期という特殊な時期だったからこそ、このような「晴明現象」が起こったのだった。

第三章　近世初期の晴明——狐の母の物語

1　安倍晴明は狐の子？

葛の葉伝説

二〇〇一年に公開された映画『陰陽師』では、夢枕獏氏の小説や岡野玲子氏のマンガに描かれたイメージを忠実に顕現させたような狂言師・野村萬斎氏の安倍晴明が、まさに「はまり役」だった。そのなかで、内裏に参内《さんだい》した晴明を目にした官人たちが、「あれは狐の子だと申しますよ」とひそひそ話をする場面があった。晴明は聞こえているのかいないのか、何ら反応しないでいる。その後、晴明のワトソン役となる源博雅が晴明邸を訪ねたところ、まだ相手をよく知らない博雅がびくびくしていると、晴明はじっと彼の目を見て、ゆっくりとこう言うのである。「わたくしの顔は、そんなに狐に似ておりますか」。

これは、明らかに「晴明＝狐の子」という伝承が、現代にも生きていることを示していよう。夢枕氏の小説以外の「晴明小説」でも、この図式はまかり通っている。谷恒生氏の『安倍晴明』では、別れて信太《しのだ》の森に帰ってしまったはずの狐が晴明の膝で丸くなるという場面があって、晴明は「これは私の母御でございます」と言っている。

私自身の幼少期、晴明のことは知らなかったが、「安部《(ママ)》の童子」なる子どもの母親が狐の化身《けしん》であるという話は聞いたことがあった。私の母が、その祖母に聞いた話をそのまま私に伝えたのである。今でも思い出すのは、母と一緒に見たサーカスのテレビ中継だ。木下大サーカスの興行が、休日の昼間テレビに映し出されていたのだ。そのなかに、「葛《くず》の葉《は》の子《こ》別《わか》れ」の出し物があったのである。すでに記憶が曖昧なのだが、確か、きれいに着飾った女性が天井から吊された綱に身をからませ、口でくわえた筆であかり障子に例の歌を書く、という曲芸だったと思う。

例の歌。そう、「恋しくばたずねきてみよ和泉《いずみ》なる信太の森の恨み葛の葉」である。この和歌は、以後の晴明関係の文芸では必ず登場する有名なものとなる。

この女性は「葛の葉」という名前で、本当は狐なのだ、人間の男と結婚して「安部の童子」を産むが、狐であることがばれて帰るところだ。そんなことを、母は解説してくれたように覚えている。このとき、私は小学生低学年くらいだったか。以後、サーカスを見ることもなく、この出し物も消えていったようである（二〇一八年に復活公演が行なわれた）。しかし、ある年齢以上の人々の脳裏には、いわゆる「葛の葉伝説」がしっかりと残ったことだろう。

起源は一七世紀に

私たち現代人でもなんとなく知っているこの「狐の子説」は、さかのぼって行くと一七世紀にまで至る。中村禎里氏は『狐の日本史』（日本エディタースクール出版部、二〇〇一年）で、一章を費やして晴明と狐の母の話を渉猟《しょうりょう》・分析しているが、それによると、室町末期成立とされる『簠簋抄』（『簠簋内伝』の注釈書）にはじめて、「狐の子説」が登場するという。

諸書との重複を畏《おそ》れず『簠簋抄』の晴明誕生のくだりを簡約すると、次のようなものになる。

ある男が、筑波山の麓にある猫島というところで、和泉の信太森の狐が化けた遊女と契《ちぎ》り、後に清明（ママ）となる童子を儲《もう》けた。童子が三歳のとき、母は例の和歌一首を残してかき消すようにいなくなってしまう。そこで清明は上洛する際、和泉の国の信太の森に母を訪ねると、一つの社があり、母の様子はいかがと祈ると、老いた狐が現れ、「私があなたの母です」と言って消えた。この狐は信太の明神であり、したがってその子どもである清明は強い験力を持つ博士として名を馳せることになったのである。

ここでは晴明の父（後の文芸では「保名」と呼ばれるようになる）の名は不明で、狐が遊女に化けるという、まるで平安末期の学者・大江匡房記す『狐媚記《こびき》』のような趣向となっているのが目を引く。また、晴明の名は「清明」と異なった漢字表記になっているが、これは同じく『簠簋抄』で、天皇の病を治したのがちょうど十二節気の「清明節」に当たるので、「清明」という名を賜《たまわ》った、というエピソードからきている。これ以後、晴明は「清明」と表記される場合が多くなる。

晴明の母を狐とする説は、『簠簋抄』の後、一七世紀の仮名草子『安倍晴明物語』、『月刈藻集《つきのかるもしゅう》』、古説経『信太妻』、そして歌舞伎の『蘆屋道満大内鑑《あしやどうまんおおうちかがみ》』へと受け継がれてゆく。現代人はおそらく説経や歌舞伎のような芸能を通じて、晴明の母は狐、という図式を刷り込まれたのだろう。

謎の断絶

しかし、不思議なのは、前章で述べた院政期における「晴明現象」から、一七世紀の『簠簋抄』までの間、晴明に関する説話が特筆するほど見あたらないことである。わずかに鎌倉時代の『古事談』や『続古事談』に晴明や晴明の子で陰陽博士となった吉平の動向が記され、御伽草子の『酒呑童子』諸本のいくつかに、あるいは謡曲『鉄輪《かなわ》』に晴明の名を見るだけで、晴明説話がまとまって現れる院政期のような「現象」とはなっていない。

ところが、一七世紀になって久々に晴明についての詳しくかつ長い説話が『簠簋抄』に現れ、その後次々と文学や芸能にいわゆる「晴明物」が生まれる発端となった。そして、それらはみな、院政期にはまったく見られなかった「晴明＝狐の子」という説を取り上げ、必ずといってよいほど狐の母との別れを描いている。このあたりのことについては、渡辺守邦氏が多くの論考を発表し、詳細に解説を加えているので、これ以上語ることはしない（「『簠簋抄』以前――狐の子安倍の童子の物語」、『国文学研究資料館紀要』第一四号など）。

渡辺氏は、『簠簋抄』以前にも暦数書の注釈書に晴明伝承が見受けられることを指摘しており、晴明伝承が育まれた環境がうかがえて興味深いが、それらにしても資料はやはり室町後期から江戸のものであり、院政期と一七世紀の「晴明現象」の間には、断絶といってもよいほどの違いがあるといえよう。

ただし、その中間の時期に、晴明を「化人《けにん》」（人間ではない者）とする噂があったことは、一五世紀半ばの『臥雲日件録抜尤《がうんにっけんろくばつゆう》』応仁元年（一四六七）十月二十七日条によって確かめられる。しかし、ここではまだ狐との関わりは見えていない。狐の子という伝承が確実に流布するのは、一七世紀になってからのことである。

異類婚姻譚の典型

さて、その院政期と一七世紀との間にある「断絶」のもっとも大きな要素が、晴明の母を狐とする説なのである。この説の由来は、院政期の説話に求めることのできないもので、いったいいつ、どのようにして生まれたのかわかっていない。

晴明の母が狐という説が成立した条件について、先にも触れた中村禎里氏は、

一、『日本霊異記《にほんりょういき》』にすでに見られるような、人間の男性と狐の化けた女性との婚姻譚が伝承されていたこと。

二、陰陽道と狐がいろいろな面で結びついていること。

の二つの条件を挙げている。後者は今は措《お》くとして、前者の条件は日本における狐と人間との通婚説話が相当数あることを思えば納得されよう。

このような、人間の男女（しかし圧倒的に男性が多い）が人に化けた動物と契り、子どもをなすという話は、国文学や民俗学では「異類婚姻譚《いるいこんいんたん》」と称している。このたぐいの話はきわめて多く、民話などにもよく残っているが、それは日本人が異類婚姻譚を好み伝えてきたことによると思われる。こうした異類婚姻譚に親近感を持つ日本人の心理が、晴明の

狐の母を生み出したのである。

伏流していたものの顕現

ただ、中村氏をはじめ、多くの研究者が指摘している『日本霊異記』上巻第二縁は狐と男との婚姻、狐の子の誕生、母との別れを物語るものだが、院政期の「晴明現象」にはまったくその影響を及ぼしていないのが疑問である。つまり、院政期の時点では、晴明と狐とのつながりはなかったといってよいわけで、一七世紀に突然狐の子と呼ばれるようになったのは、その間、日本人の心理の奥底に異類婚姻譚が脈々と流れていたと解釈するべきなのだろうか。それが、中村氏のいうように、陰陽道と狐とのつながりをきっかけにして表面に浮き上がってきた、と考えるのが妥当だと思われる。

『日本霊異記』「狐を妻として子を生ましめし縁《えにし》」では、末尾に、

また、その子の姓を狐の直《あたえ》とおほす。この人強くして力あまたありき。走ることの疾きこと鳥の飛ぶがごとし。三乃（美濃）国の狐の直等がもと、これなり。

（また、狐の子の姓を狐の直という。この人は強くて力もあった。走るのが速く、まるで鳥が飛ぶようだった。美濃の国の狐の直の祖先はこの人である）

という一文を載せており、狐の子どもは常人とは違う力を持つことがアピールされている。同書の中巻第四縁にも、狐の子孫である女性が大変な強力の持ち主であることが語られている。晴明が常ならざる験力を発揮することができた理由を、異類の血を引いているという点に求めて合理的に解釈しようとする姿勢が明らかである。この伝承は、平安初期の『日本霊異記』から伏流していたものが、一七世紀に表面に浮かび出たということになるのであろう。

2　狐の女への郷愁

唐代伝奇小説の狐の女

さて、もう少し狐の女について、日本人が持っていたイメージについて述べておこう。異類婚姻譚は日本独自のものではない。アジアからヨーロッパにかけて広い範囲で見ることができる。なかでもその嚆矢でもあり、晴明の異常な出生とも関わりが深いであろう資料は、中国唐代の沈既済《しんきさい》「任氏伝《にんしでん》」(『太平広記　四五二巻』所収)である。晴明研究者は、『日本霊異記』には言及するもの、平安時代には日本に輸入されていた「任氏伝」については詳しく論じていないのが疑問である。

唐代伝奇小説という範疇《はんちゅう》に含まれるこの話は、院政期の学者・大江匡房の『狐媚記』末尾に簡単なあらすじが語られ、平安貴族の目に触れていたことがわかっている。それ以前に、中国では散逸したものの、日本では大江維時《おおえのこれとき》の『千載佳句《せんざいかく》』(一〇世紀)に、白楽天の「任氏行」という詩が載せられており、かなり広く知られていた模様である。これが、『日本霊異記』と並んで、日本人が狐の化けた女に対して親近感を抱く下地を作ったと考えられる。

ここでは、『新釈漢文大成　唐代伝奇』から、狐妻に関する部分のごくおおまかな筋書きを示しておこう。

ある男(鄭六《ていろく》)が、歩いている三人の女に出会う。なかでも飛び抜けて美しい女がいた。「あなたのような人がお歩きになるのはいけません」と、男が騾馬《らば》を貸してやると、女は男を連れて自分の屋敷に向かった。そして、酒食のもてなしを受けた男は、女と結ばれる。女は「私は教坊(宮中の楽所)に勤めているので、朝には出かけなければなりませんから、今日は帰って」と言うので、男は屋敷を出たが、町に入る門がまだ閉まっていた。門のそばの餅屋の胡人にその屋敷のことをたずねると、「あそこには屋敷などありませんよ。荒れ地に狐が住み着いて、ときどき男をたぶらかしているんです」と言われる。朝になってもう一度屋敷を訪れた男が見たものは、車寄せや塀はそのままだが、中は荒れた草原だった。

一〇日余りして、男は着物屋の店先で女（任氏）と再会し、彼女の正体を知りつつ一緒になった。一年ほどして、男が武官に登用され、金城県へ出張することになったが、女はついて行きたがらない。男が無理矢理連れて行くと、馬嵬《ばかい》のあたりで、皇帝つきの役人が犬に狩りの訓練をしていた。そこで猟犬が飛び出して来ると、女はたちまち狐の姿に戻って駆けて行ったが、犬はあっというまに狐に追いつき食い殺した。

男は無理に連れ出したことを後悔し、泣く泣く小さな狐の死骸を乞い請けて埋め、木を削って墓標とした。

「去って行く母」のイメージ

この、犬と狐は仲が悪いというのは、狐狩りに猟犬を用いるからだろうが、犬によって狐の正体を現すという設定は、説経『信太妻』や浄瑠璃、歌舞伎の『蘆屋道満大内鑑』に取り入れられ、というよりむしろ、狐の妻が正体を現す場面が一つの山場として描かれており、実に息の長い伝承であったことがわかる。近世以前にも、たとえば、御伽草子の「木幡狐《こばたぎつね》」に、この伝承が取り入れられている。

山城国木幡に住む「きしゅ御前」という一六歳の雌狐は、たまたま木幡へ来ていた三位《さんみ》の中将に一目ぼれし、人間の女となって都へのぼり、中将と結ばれる。玉のような男の子を授かり幸せに暮らしていたきしゅ御前だが、若君三歳の折り、中将の乳人《めのと》が献上した犬に恐れをなし、狐の姿に戻って木幡へ帰ってしまう。きしゅ御前は世をはかなんで出家し、嵯峨野に庵《いおり》を結ぶ。内裏から帰宅した中将は妻がいないのを知って嘆き悲しむ。

きしゅ御前が住み慣れた中将のもとを離れるときの言葉には、夫と子どもに対する未練が涙ながらに描写されている。これも、狐の子別れのバリエーションといえる。ちなみに、この木幡という所に狐がいて女に化けるという伝承は、『曾我物語』(仮名本) 巻五にも見える。これは、あの好色で有名な在原業平《ありわらのなりひら》が狐の化けた女と契る、という話で、業平に託して語られる『伊勢物語』にはないものである。

「任氏伝」の場合は子どもがいないうえ、犬に食い殺されるという悲しい結末になっているが、日本の文芸では子どもとの別れがハイライトシーンなので、必ず子どもをなすことになっている。異類婚姻譚はたいていの場合ハッピーエンドにはならず、日本の場合は母が子を残して帰って行くという結末を迎えるものがほとんどである。「任氏伝」では、狐の妻と男との悲劇的な別れがクライマックスになっているが、この残酷な別れといい、「去って行く母」と子どもとの別れといい、日本人の心性に合ったせいか後代まで伝えられることになった。

異類婚姻譚の宿命

もう少し、狐と人間の男との関係を見ておくことにしよう。平安時代の終わり頃になると、たとえば『今昔物語集』には、人間に悪さをする狐についての説話も多く載せられることになるが、そこでも異類婚姻譚がからんでくる。巻十六—17話では、狐にだまされて婿となり、男子一人を儲ける良藤なる人物が現れる。『今昔物語集』では、狐が悪者として描かれることが多いが、晴明伝承に脈々とつながっていると思われる話が、『今昔物語集』の出典でもある『大日本国法華験記《だいにほんこくほっけげんき》』下巻第一二七話である。この話には、男のために犠牲となるけなげな狐が登場している。一見、法華経書写の功徳を説いているように見えるが、この話に登場する雌狐の死を「任氏伝」と重ねて涙する人もいたのではないだろうか。

ある男が朱雀大路を歩いていると素晴らしい美女に出会い、口説こうとするが、女はなぜか「私と通じるとあなたは死にます」という。男はそれでも我慢できず、美辞麗句で女に迫ると、女のほうは「そんなにおっしゃるのなら、私があなたの代わりに死にましょう。でも、私の供養のために法華経を書写してくださいませ」といって、二人はよもすがら契りを結ぶ。そして明け方、女は男の扇をもらって、いずこともなく消えて行く。「私の死を確認なさりたいのなら、早朝、内裏の武徳殿《ぶとくでん》のあたりにおいでください」と言い残して。

翌朝、男が女の言葉に従って武徳殿に行ってみると、殿の裏に、男の扇で顔を隠したまま死んでいる一匹の狐がいた。男はその狐のために法華経を書写し供養に励んだ。

この話では子どもの存在は見られないが、狐の化けた女の死は、異類婚姻譚において常に妻となった異類がなんらかの原因により夫のもとを去って行くことと同義だろう。このように、狐はいったん人間と契ったら、いつかは必ず本性を現して去って行かねばならないという「宿命」があるように思われる。だからこそ、こうした日本の古い説話の影響を受けて作られた浄瑠璃や歌舞伎では、「見せ場」としての「狐の子別れ」というモチーフが読者や観客の涙をそそるのである。実際の獣としての狐も、あるときが来ると子どもを追いやってしまうという「子別れ」をするというが、それが文学や芸能の世界では、「去って行く母」よりも、残され母恋いをする子どもの存在がクローズアップされている。

3　棄てられた子という宿命

折口信夫の直観

では、なぜ「狐の子別れ」がそんなに日本人の涙腺を刺激するのだろうか。その理由を考えるとき、私の脳裏にはいつも、かの折口信夫《おりくちしのぶ》の論文「妣《はは》が国《くに》へ常世《とこよ》へ」と「信太妻の話」（いずれも『古代研究』所収）が浮かぶのである。この論文について多くを語る必要はあるまい。前者は『古代研究』の巻頭を飾る有名な論であり、トーテミズムや間歇《かんけつ》遺伝（「あたゐずむ」）を論じた、大正九年の発表当時としては画期的なものだった。

少し長い引用になるが、折口の言う「妣が国」が生まれきたった要因が、論文中に二つ挙げられているのを示しておく。

第一の想像は、母権時代の俤《おもかげ》を見せて居《お》るものと見る。即《すなわち》、母の家に別れて来た若者たちの、此島国を北へ北へ移つて行くに連れて、いよいよ強くなつて来た懐郷心とするのである。しかし今では、第二の想像の方を、力強く考へて居る。某《それ》は異族結婚

（えきぞがみい）によく見る悲劇的な結末が、若い心に強く印象した為に、其母《その》の帰った異族の村を思ひやる心から出たものと、見るのである。（私に用字を改めた）

折口が傾斜していった「異族結婚」は、「異類婚姻」に置き換えられる。折口の考えは、日本という国が生まれる以前の話に及ぶ壮大なものだが、「日本人の心性」の根源をたどると、資料はないにしろ、やはり折口の言うところに行き着くのだろう。

異界としての「妣が国」

……と考えたところで、私とほぼ同じように晴明の出生に関して折口の論文に注目している人を見つけた。「『信太妻の話』の周辺――晴明伝承と折口信夫」（『〈安倍晴明〉の文化学』）を書いた、武田比呂男氏である。武田氏は「妣が国へ常世へ」についてはあまり言及していないが、異類婚姻が晴明の験力の根拠であることを指摘し、一七世紀のいわゆる「晴明物」について、「子別れ」が重要な役割を果たしていることを述べている。

もっとも、この伝承が、近世以降人々に享受され人気を博したのは、なんといっても哀切きわまりない〈子別れ〉の部分ゆえであった。（中略）狐の母が幼い子を残して去っていく〈子別れ〉の、不思議になつかしく、あたたかいような、ほの暗い世界。
ある種の宿命の持つ独特の陰翳が、異能の陰陽師安倍晴明をさらにきわだたせる。

私がサーカスで見た芸になんとなく懐かしさを感じたのも、この「ある種の宿命の持つ独特の陰翳」ゆえだったのだろうと得心する。日本人の心性に、「子別れ」は大きなかげりを落としているのだ。なぜ「母」は去らねばならなかったのか。日本では記紀神話の時代から、いわゆる「海幸山幸」のように、去って行く母が繰り返し描かれてきた。私は文化人類学には疎いが、母系制から父系制への移行がその根底にあるかも知れない（先の引用のように、折口は「母恋い」を「母権制」と見ている）。母と子との癒着が大きいとされる日本人ならば、去って行く母の背中に厳しい孤独を見、また、残されたいたいけな子どもに情を寄せることは必定である。

折口のいう「妣が国」とは、『古事記』でスサノヲが「母のいるところに行きたい」と泣く場面に登場する。スサノヲの母は冥界を統治するイザナミであり、この場合の「妣が国」とは地下の死の世界をいう。そこは「去って行く母」の行き着くところであり、常世と同じく「ここではない別のところ」、すなわち日本人にとっての異界を表している。

ただ、折口が「ははがくに」という異界を想像したのは、異類が子を生んで去って行くという話のパターンがあったからであろう。もちろん、「狐の子別れ」も折口の頭のすみにあったからこそ、「妣が国へ常世へ」に続いて「信太妻の話」が書かれたのである。

「母なき子」の孤独なイメージ

話を晴明伝承に戻すと、晴明が狐の子とされた言説は、根拠のないものではなかったといえる。一つには、狐を母とする子どもには超人的な能力が備わっている、という伝説があること。晴明を狐の子と称する人の心のなかには、（あくまで説話世界でのことではあるが）晴明の人並み外れた験力を合理的に解釈しようとする姿勢があったのではなかろうか。

また、二つには、子どもの立場から見ると、去って行った母への恋慕の情ははなはだしいものがあると思われるうえ、子どもは「母なき子」として生涯なんらかの苦悩を背負わなければならなくなることである。この苦悩は、いわばその子どもを他の子どもと峻別するための聖なる傷、スティグマと読むことができる。晴明こそは、狐の母を持つという点で一種の「異人」であり、その験力ゆえに常人にはなれない宿命を背負った存在だった。

説話に登場する晴明は、現代のマンガや小説に描かれるような華々しい活動をする超人というより、冷静沈着に行動する人、ある種の抑制がきいている人というイメージが強いが、その冷静さは孤独に裏打ちされた彼の一種の傷だと解釈することも可能である。系図を見てもはっきりとしない晴明の出自が、後世の人々にとっては非常に神秘的で近寄りがたいもののように思えたのであろう。

4　差別された人々と晴明

第二の「晴明現象」

晴明の神秘性やその力への畏れは晴明に対する「聖別」を生むが、それは裏返せば「差別」と読みかえることができる。荒俣宏氏は、晴明がなぜ狐の子であるとか、妖《あや》しい陰陽師などと言われるようになるのかは、陰陽師というものの職掌から来ていると解き、次のように結論づけている（『陰陽師――安倍晴明の末裔たち』集英社新書、二〇〇二年）。

こうして陰陽師は、聖の側面ばかりでなく、社会のダークサイドにもかかわることとなる。善悪、正邪、聖俗、そして霊肉どちらの側にも通じる仲介者となる。汚れていながら神聖であるという、例を見ない宮中人として、安倍晴明はその地位を不動にした。これが晴明の放散した「妖異」の匂いの本質である。

「聖なるもの＝賤なるもの」という図式は、一七世紀以降、意外なものと結びついて行くことになる。それは、早く昭和二八年発行の『我が国民間信仰史の研究（二）』（東京創元社、一九五三年）で堀一郎氏が述べているように、晴明が民間の下級陰陽師の始祖として新たに登場するということである。

堀氏によれば、日本各地に散在する「晴明井」、「晴明塚」、「晴明橋」など、晴明の名を冠した遺跡は、そのあたりで晴明を始祖とあおぐ下級陰陽師の集団がいたしるしであるという。近世に入ると安倍家は土御門家と名を変えていたが、その傘下に民間陰陽師が入ったためであるとも指摘される。とすれば、一七世紀に狐と結びついた晴明伝承が現れ、説経、浄瑠璃、そして歌舞伎へと取り入れられるに至ったのは、明らかに院政期に次ぐ第二の「晴明現象」といっていいだろう。そこには、晴明の伝承を媒介する下級宗教者としての陰陽師や、そこから派生したといわれる声聞師《しょうもんじ》の活躍があったのである。

それらの人々が関与していると思われるのが、各地に残る「晴明塚」や「晴明井」など、晴明の名前が冠せられた場所である。ここでは、京都市内に存在していたという「晴明塚」と、差別された人々について少し寄り道してみたい。

晴明塚の謎

京都市の四条大橋を東へ渡り、少し歩いた南側に、通称「めやみ地蔵」（仲源寺《ちゅうげんじ》）がある。ここは眼疾に効能があるといって、いつも絶えない線香の煙が立ちこめる境内では、善男善女の参詣でにぎわっている。しかし、「めやみ」という名で呼ばれるようになったのはそんなに古いことではなく、これはもと「あめやみ」だった、という伝承が寺には伝えられている。

「あめやみ」とはすなわち「雨止み」の謂《い》いであり、寺はかつてはもっと橋の近くにあって、平安時代から少しの雨でも氾濫を起こす鴨川から民を守るとされてきた。江戸中期の『雍州府志《ようしゅうふし》』には、安貞二年（一二二八）、大雨により鴨川が氾濫したとき、勢多判官《せたほうがん》為兼《ためかね》が水害を防ごうとしたが果たせないでいると、不思議な僧が現れ、「水害を防ぐには、鴨川東岸の南に夏禹廟《かうびょう》を、北に弁才天社を建てて祀れ」と告げられた、という興味深い話が載っている。僧はその後「めやみ地蔵」へ入っていって姿を消した。為兼が僧の言葉のままに社を建てて祀ると、水が引いて乾いた地面が出現したという。

「夏禹」とは、中国神話の登場人物で、夏王朝の創始者とされている。弁才天は水をつかさどる神なので、水よけのために祀られるのは不思議ではないが、夏禹廟が水よけになるというのは『史記《しき》』に禹が洪水を治めたという話があるからだろう。

同じく『雍州府志』の別項「神社門　夏禹王廟」では、

夏禹廟は今どこにあるかわからない。ある説によれば、四条南鴨川中島に、近世晴明塚と称するものがあり、このあたりにあったというが、いまだに真偽は知れない。

とある。

瀬田勝哉氏の『洛中洛外の群像』（平凡社、一九九四年）は、この夏禹廟が中島にあったというところに注目しており、五条にも中島があって、夏禹廟はこちらの中島にあった、という別説を伝える『雍州府志』のまた別の項目を紹介している。『雍州府志』ではこのように夏禹廟の所在が流動的であり、幾多もの伝承が混在していた当時の様相がうかがえる。

瀬田氏の指摘によると、上杉本の「洛中洛外図」五条大橋のあたりを見れば、現在のような一本の橋ではなく、明らかに中島が存し、橋が中島をはさんで二つ架けられていることがわかる。四条と五条との違いはあるが、どちらかの中島に、洪水よけの神様として夏禹廟が祀られていたことは確実といってよい。

注目すべきは、そこに、近世晴明塚があったことである。「洛中洛外図」では、五条中島には確かに小堂が描かれているが、そこは「大こくだう」（大黒堂）という文字が書き込まれているのである。この後身が晴明塚になったのではないかと推測されるが、では、なぜここに晴明の名が現れてくるのだろうか。

声聞師のルーツ

先にも触れた堀一郎氏がその著書で指摘しているように、文化三年（一八〇六）刊行の『周遊奇談』には、下級宗教者である声聞師（唱門師、とも表記される）が晴明塚を祀っていたことがわかる記事が掲載されている。次に、そのあらましを載せておこう。

声聞師という者が五畿内では山城国に多いが、これも年々少し減ってゆくように見える。土御門家の支配下にあり、民間陰陽師と同じ類である。声聞師の在所では晴明を産神《うぶかみ》として祀っている。近江国には諸処にあり、いずれも陰陽師村と俗に呼んでいる。

百姓や町方とは縁組みをせず、まことに「はなれもの」である。

土御門家とはもとの安倍家であり、近世には土御門家が陰陽寮に属さない民間陰陽師たちを再編成したことで知られる。ここで「はなれもの」と言われていることから、近世では陰陽師は声聞師と同じく身分制度のなかでは低い階層、というより、身分外身分であったらしいことが知られる。

声聞師とは室町時代から歴史の表面に現れ、正月には、民家の門前で大黒舞などの芸能をしながら生計を立てていた者たちのことである。声聞師はもともと中世に多く出た民間陰陽師と同じ根を有していたという。したがって、彼らが晴明を生んだ安倍家の後身である土御門家の配下にあって晴明を祀るのは当然のことなのである。

晴明塚の起こりと考えられるのは、『雍州府志』の「法城寺」の項に載せられた記事に詳しい。

> 法城寺は、五条橋東北中島にある。安倍晴明が鴨川の氾濫のおり、水害のないようにと祈ると、水はたちまち去っていった。これによって寺を川辺に建立し、法城寺と名づけて地鎮としたのである。寺名の意味は、「法城」の漢字をばらすと「水が去って土と成る」と読めるからである。晴明は死後、この寺に葬られた。それを世に晴明塚と呼ぶのである。

しかし、中世以前の記録や説話を探してみても、晴明が鴨川の氾濫を収めるために祈ったという記事は見あたらず、彼の墓が法城寺にあるという言い伝えも近世をさかのぼることがない。これは、五条中島に拠点を持っていた声聞師たちが、自分らの始祖を晴明に求めたための伝承だろう。いわば、一種の「河原巻物」に相当するといえる。身分制度のため、他家との縁組みを許されない人々が、数々の効験をなしたとされる晴明にルーツを求めたのである。

聖別＝差別の二重構造の聖痕

ところで、私が不思議に思うのは、「晴明井」、「晴明塚」、あるいは各地の「晴明神社」はなぜ晴明の名字である「安倍」をつけずに呼ばれるのか、ということである。安倍を冠して「安倍晴明神社」を名乗るのは、唯一大阪阿倍野にある社だけだが、ここは名字としてではなく、地名としての「阿倍野＝安倍」が付けられているにすぎないのだ。しかも、晴明の名は本来なら「はるあきら」（あるいは、「はれあきら」）と呼ばれるのが自然であるはずなのに、なぜ彼だけ「せいめい」と音読みをされるのだろうか。

ここから先は私の憶測にすぎないのだが、晴明神社は式内社や二十二社に入るような神社がそうであるように、政府の上部からお達しがあって祀られたのではなく、その元は

「せいめい」と呼ばれる民間下級陰陽師や声聞師たちによって作られた、五条中島の大黒堂のような小祠ではなかったか、と思うのである。その頃（いつ、とは明確に言えないが、少なくとも江戸中期以降だろうか）には、彼らの間では「せいめい」が人名であるということすら曖昧になっていたのではないだろうか。「せいめい」は記号化されたまま、「我らの始祖」として各地に祀られた。もしかすると、彼らはみずからのことを「せいめい」と名乗ったのかも知れない。そして例の星印の晴明紋を描いたお札などを配って歩いた……。

この空想があながちあてずっぽうではないかも知れないと思うのは、ある石仏の存在による。京都市西京区の洛西ニュータウン内に、竹林公園という竹のいろいろな種類を集めた大きな公園がある。ここに、地下鉄の工事中に出土した小さな石仏が置かれている一角があるのだが、そこに、あの星印と「清明」という文字が彫られた石仏が一つだけある。これはすでに山田邦和氏の「平安京探偵団」というインターネットのホームページでも紹介されているものだが、そこには晴明に関係する石仏という解説がなされている。石仏はそれほど古いものではなく、おそらく江戸時代をさかのぼらないと思われるのだが、ちょうどその頃、晴明は「清明」という表記で知られていたことは前に述べた。

私の推測では、この石仏に彫られた記号と文字は、一種の「お守り」に相当するものではないだろうか。晴（清）明という文字はお札などに描かれる記号と同じ役割を果たしていたと想像する。

いや、これ以外は資料がまったくないので、考証不可能な単なる私の「勘」によるものだから、これ以上ここに書くのは問題が多すぎるだろう。しかし、私には、差別されていた下級陰陽師たちが、同じく「聖別＝差別」されていた晴明と自分を重ね合わせて生きていたという空想を捨て切ることができないでいるのである。

狐の子・晴明。その聖痕を秘めた一人の男の伝説は、室町末期から近世を経て現代にまで脈々と生き続けてきたのだった。

第四章　平安京は「四神相応の地」か

1　平安京は「風水都市」か

風水ブームと平安京一二〇〇年

一九九〇年代以降、晴明ブームが手伝ってか、「風水」という語がしきりに目につく。それらの多くは、「風水で幸せを呼ぶインテリア」とか「風水で恋愛運を高める」などといった本や雑誌の特集である。寝室を緑色で統一すれば何とか運が高まるとか、黄色い財布は金運を呼び込むとか、いったいどこに根拠があるのかわからない説が堂々とまかり通り、主として女性たちに信じる人が多いようだ。私も、買い物に行くとしばしばルイ・ヴィトンのエピシリーズの黄色の財布を持っている女性を見かけることがある。じつは風水という言葉がほとんど知られていなかった頃、私も同じ財布を持っていたのだが、流行しすぎたので別の財布に変えてしまった。

風水とは、現在におけるもっとも一般的な解説だと、「中国や台湾の呪術であり、風水師という特別な人物によって家相や墓相の地を占う方法として編み出された」ということになっている（『日本国語大辞典　第二版』）。後にも述べるように、風水とは呪術ではなく技術であり、中国や台湾では呪的な要素はほとんどないのだが、それが日本に入ってきたとたん、なにやら神秘的な色合いを持ち始めたのは不可思議である。

この風水という語を広めるきっかけとなったのは、おそらく、一九九四年にNHKスペシャルで放送された、荒俣宏氏が出演、解説しているテレビ番組であったと思われる（「よみがえる平安京」六月十一日放送）。その年の一九九四年は、七九四年に桓武《かんむ》天皇が平安京に遷都した年から数えて一二〇〇年に当たり、いろいろな催しが世間を賑わわせた。そのつながりで、この番組が作られたのであろう。

番組では、荒俣氏が先導役として登場し、記憶によると台湾か韓国の現役風水師を呼んできて、「平安京は風水思想にのっとって造営された」ということを検証させるものだった。平安京には龍脈《りゅうみゃく》がいくつか通っていて、神泉苑《しんせんえん》に龍が水を飲みにくる、といったような内容であった。そして、平安京は、風水のもとになった陰陽五行説《いんようごぎょうせつ》にしたがって造営されており、平安京の四方には、東に青龍《せいりゅう》、南に朱雀《すざく》、西に白虎《びゃっこ》、そして北に玄武《げんぶ》という「守り神」が控えている「霊力を秘めた土地」という解説があった。

こうして、平安京は四神に守られた、いわば「霊的に祝福された特別な土地」であり、都にふさわしいところだ、という観念が広まっていった。この「霊的に祝福された都市」という表現は荒俣氏の『帝都物語』にも見えるもので、氏は東京がそれに当たると何度も著書で述べている。NHKテレビの番組も、平安京一二〇〇年記念として荒俣氏が同じコンセプトで平安京を俎上《そじょう》にのせたものである。

この番組には、後になってある現役の風水師でありかつ風水の研究家によって「あまりに自説と似ている」として新聞紙上を騒がせたというおまけがついていた。テレビのずさんさは今に始まったことではないが、平安京ブームのさなかであっただけに罪つくりな事件だった。

オカルト都市京都？

しかし、この風水ブーム、本当に信じてよいものだろうか。とくに、四方を守護神が固めるという「四神相応《ししんそうおう》の地」としての平安京イメージは今でも増幅し、すでに自明のこととなっているように思える。たとえば、プロローグにも書いた『京都魔界めぐり』のヒットを当て込んで出版された『京都異界紀行』とか『京都ミステリーゾーン』とかいったたぐいの題名の本には、必ずといってよいほど、この「四神相応説」が何の批判もなく取り入れられている。その代表が、内容はほとんど先行書の焼き直しであるこの手の本を書いている吉田憲右氏という人物である。

吉田氏の『日本魔界ゾーン　京都　鎌倉』（泉書房、二〇〇一年）冒頭には、次のように記されている。

平安京の場所を定める時にも、中国に古くから伝わる「風水説」がもちいられた。その「風水説」では、都を築き上げるには、「四神相応の地」が最も良いとされていた。

これはいったい何を根拠として言っているのだろう。どうやら氏は陰陽道のちゃんとした学術書や大学院生（当時）であり現在台湾で風水師として活躍している黄永融氏の『風水都市』（学芸出版社、一九九九年）を読んでいないらしい。しかし、一般人が読むのは吉田氏の本のほうだろうから、このような疑わしい説が世間に流布するのである。

吉田氏は、『京都ミステリー旅』（コスミック、出版年無記載）では、次のような論を述べている。少し長いが引用しておこう。

京都の原型である平安京は、血塗られた政権争いを二度も経験し、一生涯その怨霊に悩まされ続けた人物として語り継がれる、桓武天皇によって築き上げられた都である。

そのことから平安京は、怨霊や悪霊が都に侵入できないように、密教の曼陀羅図に基づいて設計され、陰陽道の原型である風水の秘術を注ぎ込んで築き上げられた、理想の都市だったのである。京都のかつての姿である平安京は、風水説において都を築き上げるには、最も好ましい地相とされている「四神相応の地」の上に造られた。四神相応の地とは（中略）東西南北の四方を守護する神々がそれぞれ鎮座している地相のことを指している。

この文章に漂う「怪しさ」を、読者は何も感じないで受け入れているのだろうか。ここには、明らかに誤った点が複数語られている。まず、平安京が怨霊や悪霊を鎮めるための工夫をしているということ。それも、密教の曼陀羅図に基づいて設計されているということ。これは何ら根拠がない説である。そもそも、平安建都の際に密教が何らかの関与をしていたということは、どの研究書にも書かれていないはずだ。しかも、桓武天皇が都を造ったころ、密教はそのような勢力を持っていたわけではなく、空海が唐に渡って密教を学んで帰国した折りでも、都を曼陀羅図によって造ったという資料はどこにもない。

次に奇妙なのは、風水が陰陽道の原型である、という説である。「風水」という言葉じたい、平安京の時代には存在しなかった。風水は、後に述べるように秘術などではなく技術を指す言葉であり、用例も古い文献には見あたらない。風水という言葉が日本で使われ始めたのは、近世の地誌である『雍州府志』からであるということは、先に名前をあげた黄氏によって確認されている。それが、古代からある陰陽道の原型であるはずがない。
また、発売以来売れに売れている夢枕獏氏の小説『陰陽師』シリーズの第二弾「飛天の巻」でも、同じような言説が見られる。

京の都そのものが、中国から渡ってきた、陰陽五行説や風水の力学に基いて造られた、巨大な呪法空間である。北方に玄武の船岡山、東に青龍の賀茂川、南に朱雀の巨椋池《おぐらいけ》、西に白虎としての山陽、山陰の二道を配した、四神相応と呼ばれる理念によって、この都は造成された。四方の東西南北に四神獣を配し、鬼門の方角である東北に、比叡山延暦寺が置かれている。

そしてまた、「四神相応の地」という概念である。これを、四方に守護神がいる、ととらえるのが間違いであることは、最近の陰陽道研究者によって明言されている。これも後述する。

京都「オカルト化」の風景

平安京が中国から移入された思想や技術によって造られた都市であることは、否定はしない。しかしながら、こうした風水ばやりの裏には、京都に対する次の二点の問題がかかわって仕組まれたものがあるように思うのである。

一つは、平安京を「霊的に祝福された都市」だから都にもっともふさわしい、として、平安京に神秘的なイメージを植え付けようとする意図が一部の人々の間にあることである。二つには、平安京や京都には何らかの「原型」（イコール理想像）が体現されている、ということを強調したい意図があることとである。

この二つが、ともに平安京や京都を他の都市と差異化し特別視しようとする傾向を持っていることは明らかだろう。風水という概念があたかも平安建都のころから存在するかのように語り、テレビでは実際風水師が京都を歩いて一種の「お墨付き」を与えるということがなされたため、神秘的で霊的、そして魔界的な都市・平安京というイメージを醸し出すのに大変大きな影響を与えている。

私は、こうしたことは方法論的に問題が大きいと考えている。この章では、安易な風水ブームと、それが晴明伝説にも影響を及ぼしていることを指摘し、平安京とは本当に四神相応の地であるのか、という問題点を検証したい。

2　風水とはどのような思想か

平安建都時、日本に風水はなかった

風水という概念のとらえ方はかなりまちまちであり、時代や国によっても異なるはずなのに、それを無視して、日本における風水概念は平安建都の八世紀から存在したという幻想を与えるのは問題である。

そして、現代における風水師の活動が、平安時代から変わらずに伝わってきたものであるというのもおかしい。現在でも、朝鮮半島や台湾では、墓や家を建てるとき、専門の風水師が来て家相を観たりしているし、村落や都市全体が風水の考え方にのっとって造られた例も多い。ただ、彼らはあくまで現代の風水師であり、彼らの考え方や技術を、平安建都の際に用いられた技術と同等に扱ってよいとは思えない。本当に海外の風水と平安京との関わりについて調査するのであれば、平安京建都前夜における日本の風水事情を調べたうえで語るべきだろう。しかし、先にも述べたように、日本では「風水」という言葉が見出せるのは、一八世紀になってから作られた『雍州府志』にまで下る（ただ、琉球を日本に含めれば一七世紀には「風水」という言葉が資料に見えるらしい）。

九世紀の空海の『性霊集《せいれいしゅう》』巻七には、「風水の淵」という語が見られるが、これは「風」と「水」という文字そのものの意味であり、陰陽家の用いる風水とはまったく異なるものである。

余談ではあるが、現代の風水をもって平安京の成り立ちを語ろうとする行為は、かなり前にブームとなった、「『万葉集』は朝鮮語で読める」というたぐいの本と同じ誤りを犯している。こうした本の作者は、現代のハングルで『万葉集』を解読するとまったく違う意味が現れるといちように説くのであるが、どうして奈良時代の言語を読むのに現代語であるハングルが有効になるのか疑問である。もし朝鮮語で読めるということを主張したいのであれば、古代朝鮮語を用いて『万葉集』を分析するべきだろう。今と昔を混同してはいけない。

本来の風水の意味

さて、ここではまず風水という言葉と概念が中国においてどのような発生をしたかということについて述べたいと思う。

一般的な辞典の解説では、風水とは先にあげた「風」と「水」という意味のほかに、山川水流の様子と陰陽の気を見て、都城、住居、埋葬地を選び定めるもの。

とある（『日本国語大辞典　第二版』）。風水は別に「堪輿《かんよ》」「地理」「陰陽」、あるいは単に「山」と呼ばれていた。中国の民間信仰である陰陽五行と深い関わりがある。しかし、学問としての「地理学」とは明確に区別されていた。いわば、土木作業のテクノロジーなのである。

風水とは、狭義では「住居の立地を選別する術」を指し、広い意味では「環境と地景に対する一種の宇宙論的解釈」を意味する言葉だった。中国では、大地は巨大な生命体であり、「気」というエネルギーが絶えず運動してそれに活力を与えている、と考えられてきたらしい。その「気」の流れが「経絡《けいらく》」で、そのステーションが「つぼ」である。これは人間でも同じで、東洋風のマッサージに行くと、この「つぼ」を指圧することで人の「気」の流れをスムーズにする術を施してくれることは周知のことだろう。

中国の風水に詳しい三浦国雄氏の『中国人のトポス』（平凡社選書、一九八八年）によると、この「つぼ」を「龍穴《りゅうけつ》」と呼ぶそうである。氏によると、

風水の眼目は、実にこの龍穴を見つけるところに存在する。しかしその困難さは、

「三年、龍を尋ね、十年、穴を点ず」という諺に表現されている。というくらい難しい技術だった。

風水では、霊的な気をとくに「生気」と呼んでいる。これは山に沿って流れるとされる。つまり、山は無機質な土のかたまりではなく、龍という一個の生物と考えられているのだ。したがって、山脈のことを風水では「龍脈」と言う。

風水の起源

では、風水という語はいったいいつごろから中国の文献に出てくるのだろうか。その語源は、東晋の郭璞《かくはく》に仮託された『葬書（経）』にある。「気」は風に乗って散じ、水に出会うと止まるので、「気」をため込むための方法がこの書には記されている。『葬書』で「風水」という語が見えるのは、次のようなところである。

葬とは、生気に乗ずる也。気は風に乗りてすなはち散じ、水に界してすなはち止む。古人これを聚《あつ》め散ぜざらしむ。これを行ひて止めあらしむ。故にこれを風水と謂ふ。

（「葬」というのは人の生気に乗ずるものである。気は風に乗ってあちこちに散じ、水のあ

るところにたどりついて止まる。昔の人はこの気を集めて散じないようにした。だから、こうした技術を風水というのである）

宮崎順子氏の口頭発表によると、風水は唐代に始まり宋代で完成をみるというが（「敦煌の風水文書」）、唐代をさかのぼる資料はほとんど残っておらず、唐代になってからかなり多くの風水書が出るようになる。

風水は古代の科学技術

風水の思想にのっとった土地に都市や家屋を営めば、大地の「気」のエネルギーを受けてそこが栄えるとされた。墓も例外ではなく、もとは故人をどのように葬るかということを綴った『葬書』に風水の理論が記されているのは当然のことなのである。

ここで日本の例を思い出すと、『今昔物語集』巻二十四―13に、天皇の墳墓を造るための土地を占う慈（滋）岳川人という陰陽師が登場する話がある。川人はその際にちょっとしたミスをして「地神《じしん》」から追いかけられるという目に遭うのだが、彼は風水師のような仕事をしていたにもかかわらず、『今昔物語集』本文には「風水」という文字はまったく見あたらない。

たしかに、平安時代の陰陽師が風水師のような職掌を持っていたことは間違いない。しかし、この時代の日本人はそれを風水と呼ぶことはなかったのである。これは、風水の思想が中国から伝来したとき、それが単独でなく、陰陽説や五行説のなかに紛れ込んで伝わったことを物語っている。

慈岳川人は陰陽寮の陰陽師であり、陰陽博士にもなった人物であるからこのように天皇の墳墓を選定する役がまわってきたのだろうと思われるが、本書のテーマである安倍晴明の場合、天文博士であり、後に蔵人所の陰陽師として天皇にじきじきに仕えたせいか、貴人の邸宅や墳墓の場所を占った痕跡は、歴史資料にも文学資料にもうかがうことができない。したがって、映画『陰陽師』に描かれたように、晴明が源博雅とともに平安京を守るため霊的な力を発揮する、といったことは虚構なのである。

中国において、風水はあくまで「科学技術」なので、神仏や霊をどうかする、といったことは行われない。「四神相応」にしても、平安京の守護神だとか、四方を外敵から守る神だとか説明され、いかにも神秘的に見えるが、これらは神というような霊的なものではなく、風水にのっとった都市の方位を示すための一種の記号なのである。

四神は単なる方位

台湾の現役風水師の黄永融氏は、『京都魔界マップ』（洋泉社、一九九九年）の小松和彦氏との対談において、次のような発言をしている。

じつは、風水のなかの四神という言葉は、動物でも神でもなく、ただ方位を表すものなのです。ですから、玄武というのは北、あるいは後ろということを表し、朱雀は南とか前ということです。（中略）龍は東、左という意味で、動物という意識はない。

私が直接黄氏に聞いた話によると、今でも台湾のお年寄りに道を聞くと、「その先を龍の方へ曲がって下さい」といった教え方をするそうである。現代の小説やマンガでは、四神をいかにも平安京の守護神として神秘化してとらえているが、それは本義ではなく、いたずらに平安京を「霊的に祝福された都市」としてとらえたいがための言説なのである。だから、風水を含めた陰陽道を修めた晴明を「都の守り人」としてヒーロー化するのは、現代人の幻想にすぎないといえよう。

実際、平安京が「四神相応の地」として造営されたという当時の記録は見あたらない。しかし、この言葉は平安京が崩壊しつつあった院政期からしきりに見受けられるようになる。次節では、用例にしたがいながら、その点について述べることにしよう。

3 「四神相応の地」を検証する

晴明の呪文

岡野玲子氏のマンガ『陰陽師』では、晴明が怨敵退散のためにこんな呪文を唱える場面が見られる。

右に青龍　前に朱雀　左に白虎　後に玄武

『陰陽師』の原作はいうまでもなく夢枕獏氏の同名小説であるが、小説をヴィジュアル化するとき困るのは、「晴明は呪文を唱えた」と書かれていれば小説はそれでいいのだが、ヴィジュアルでは具体的な呪文の内容を画中に明記しなければならない点である。岡野氏は聞くと精力的に陰陽道の専門家をたずね、陰陽道の解説書を勉強したそうである。だからマンガでは小説に書かれていないことも描けるのだが、私の知る限り、右記のような四神の名前をずらりと並べるような陰陽道の呪文は見あたらない。岡野氏はなぜこのような呪文を晴明に唱えさせたのだろうか。

それは、晴明作に仮託された『簠簋内伝』のなかに、「四神相応」についての一文が記されているからではないかと思われる。前節で、「平安京が四神相応の地として風水の理論にのっとり造営されたというのは幻想である」ということを述べたが、岡野氏もまた、その「幻想」を利用したのだろう。

『簠簋内伝』の当該箇所は、次のようなものである。

東に流水あり青龍という。南に沢畔《たくはん》ありて朱雀という。西に大道ありて白虎という。北に高山ありて玄武という。右この四物を具足するはすなわち四神相応と謂う。尤《もっと》も大吉也。もし一つを欠かばすなわち災禍その方より至る。

（東に流水があってこれを青龍という。南に水地があってこれを朱雀という。西に大きな道があってこれを白虎という。北に高い山があってこれを玄武という。この四つの要素を持っている場合を四神相応という。もっとも運気のよいものである。もし一つでも欠けていれば、その方角から災厄がやってくる）

この後、「四神相応の地」には、四方にそれぞれ異なった樹木を植えるなどといった注意が記されている。しかし、この記事をもって晴明が「四神相応」という概念を身につけていたかどうかはわからない。岡野氏は、おそらく『簠簋内伝』が晴明に仮託されている書物であるから、晴明の呪文に「四神相応」のコンセプトを取り入れたと推察されるが、『簠簋内伝』の撰述がいつの時代であるかによって、実際の晴明とは無関係な書物となってしまうはずである。

『簠簋内伝』には巻一に「金神七殺方」や「金神毎月遊行」といった項目が並んでいるが、第二章でも述べたように、「金神」という陰陽道の神が日本において現れるのは院政期のことである。したがって、『簠簋内伝』の撰述は早くても院政期以降と考えることができる。晴明の生きた時代には、「四神相応」という概念があったかも知れないが、しかし、平安中期には言葉としての「四神相応」は管見では見出すことはできないのである。

日本流に変形をとげた思想

中国の風水における「四神相応」とは、四匹の霊獣が四方を守っているということではなく、四方がさまざまな高さの山に囲まれた地勢を意味している。堀込憲二氏の「風水思想と中国の都市」(『建築雑誌』一九八五年一一月)によると、都市として理想的な地勢とは、北に高い山、東西にやや低い山、そして南に低い山を備え、これらによって囲まれた部分のなかでもっとも「気」の集まる場所を「穴」という。繰り返すようであるが、「四神」とはあくまである地勢の呼び名にすぎないのである。
また、黄永融氏の『風水都市』によれば、「四神相応」の起源は中国古代の天文観測によるという。氏は、『礼記《らいき》』「曲礼」を引いて、

「行前朱雀而後玄武、左青龍而右白虎」と、四神の位置に対して東西南北にかかわらず、前後左右に対称であれば四神相応の地であると認めている。

と述べている。つまり、中国の風水思想における「四神相応」は、日本の『簠簋内伝』に記されたものとまったく違う概念なのである。中国での理想の都市は、「四神が四方を守る」のではなく、地形が対称形であることが要求されているのだ。黄氏は、同書のなかで日本における「四神相応」の源流が『簠簋内伝』にあると指摘し、これは「異質」なものであると断言している。たとえば、日本で宮都造営が行われた際の詔《みことのり》を見ると、平安京以前の平城京の段階ですでに「四神」を神獣として生物化する思想が見えている。次に引くのは、『続日本紀《しょくにほんぎ》』和銅六年（七一三）二月の詔である。

平城の地、四禽《しきん》の図に叶《かな》ひ、三山鎮《さんざんちん》をなす。
（平城の地は、四禽が四方に配されるという図に叶い、三山が地の鎮めをなしている）

この「四禽」が「四神」であることは間違いない。しかし、ここでは「四神相応」という語はまったく使われていないのである。藤原京や長岡京のような平安京以前の数々の都の造営詔には、「四神」はおろか「四禽」も現れない。このことは、日本が都の造営を中国から伝来した思想と技術をもって行ったことを否定するものではないが、それは中国の思想そのままではなく、日本流に変質を遂げたものだったと考えることができる。

「四神相応」はなかった

黄氏は続けてこう述べている。少し長いが、引用しておきたい。

（平城京の造営の詔について）この「四禽」とは四神とみなされ、次の「三山」の言葉から見て、四神に当たる地形基準とは平城京周辺の山々であると考えられる（平城京周辺の三山と南の山を含めて四神と対応する）。ところが、平安京の場合は北に船岡山、東に鴨川、西に山陽、山陰道、南に巨椋池があるという四神相応の地であると伝えられてきた。これら四神の地理的位置をみると、青龍の鴨川と白虎とされた山陽、山陰道は距離や方向が対称とは考えられず、玄武の船岡山と平安京の朱雀大路の延長線からずれた南の巨椋池も無関係であるとみられる。平安京の周囲にある地物が対称にならず、しかも平安京のどこに立ってもこれらの「四神」すべてを視界に収めることができない以上、宮都造営の基準点にならないことは明らかである。

平城京は中国の「四神相応」思想にのっとった都造りがなされたが、平安京はその思想を受け継ぐことはなかったというのである。たしかに、『日本紀略』延暦一三年（七九四）一一月八日の平安京造営の詔は、

此の国山河《さんが》襟帯《きんたい》し、自然と城をなす。その形勢によりて、新号を制すべし。
（この山城国は自然の要害を持っており、そのまま都市の体裁をなしている。その形によって、新しい都とすべきである）

とあり、「四神相応」も「四禽」も見あたらない。

こういうと、「高松塚古墳やキトラ古墳の壁には、ちゃんと四神の姿が四方に描かれて

いた。これは奈良時代から四神相応の思想が存在したことを意味するのではないか」という反論が聞こえてきそうである。しかし、これに対して鈴木一馨氏は、キトラ古墳には高句麗系の技術者が関与したことを指摘している（『日本における風水と陰陽道』、『陰陽道の講義』嵯峨野書院、二〇〇二年）。高句麗では墳墓のなかに四神を描くのは一般的であり、四神の図が存在するからといって日本人が中国や朝鮮の風水思想を理解していた証拠にはならないと鈴木氏は述べている。

こうして資料を見てくると、平安京は「四神相応の地」として造営された、と繰り返し説かれる言説が疑わしくなってしまうだろう。「四神獣によって守護された霊的な都市」としてイメージされる平安京は、実際の姿と大きなずれを起こしているといってよい。「四神相応」という熟語じたいが、おそらく晴明没後に作られた『簠簋内伝』に見えることとは、この言葉が院政期以降に日本人の手によって作られたことを物語っている。

では、院政期以降の資料には「四神相応」という言葉はどのくらい見られるのだろうか。次節ではその用例をたどりながら、なぜ平安京がそのようなイメージをまとわなければならなかったのか、という問題を考える。

4　建都伝説

日本における「四神相応」

「四神相応」という熟語そのものが日本において初めて見られるのは、一二世紀に成立した『作庭記《さくていき》』という造園法を記した書物である。この時代まで下らないと、「四神相応」という語が出てこないことには注意が必要である。次に『作庭記』の当該箇所を引用しておこう。

　四神相応の地をえらぶ時、左より水流れたるを、青龍の地とす。かるがゆへに遣水《やりみず》をも殿舎もしは寝殿の東より出て、南へむかへて西にながすべき也。北より出ても、東へまわして南西へながすべき也。経に云はく、遣水のたわめる内を龍の腹とす、居住をそのはらにあつる、吉也《きちなり》。背にあつる、凶也《きょうなり》。又北よりいだして南へむかふる説あり。北方は水也。これ陰をもちて、陽にむかふる和合の儀歟《ぎか》。かるがゆへに北より南へむかへてながす説、そのりなかるべきにあらず。

（四神相応の地を選ぶとき、左から水が流れているのを青龍の地とする。それゆえに庭造りでも遣水を殿舎もしくは寝殿の東から出して、南に迎えて西へ流すべきである。もし北から流れていても、いったん東にまわして南西に流すべきである。『経』に言うには、遣水が曲がってたわんでいるところを龍の腹とし、居住空間はその腹の部分に当てるとよい。龍の背に当てるのは凶である。また、北から遣水を流して南へ向かわす説もある。北方は水のある地である。これは陰をもって陽に向かわすという陰陽和合の意味である。それゆえに、北から南に水を流すのは、必ずしも理がないというものではない）

ここでは、中国や朝鮮のように、四神を前後左右にあてるのではなく、日本流に東西南北に比定していることがわかる。つまり、「四神相応の地」という言葉が定着をみたのは一二世紀になってからであり、その内容は本来の風水思想にはない、日本独特のものだったと考えられる。

『作庭記』は平安京の造りとは直接関係はないが、屋敷の庭という小宇宙は都の造営とあい通じるものがあると思われる。だが、これを、平安建都の史実をありのままに知るための資料として読むのは大いに危険である。なぜ、平安京造営から四〇〇年近くたった一二世紀の院政期に、「四神相応の地」という言葉で理想的な空間がイメージされるようになったのだろうか。

霊的都市平安京の誕生

じつは、一二世紀以降、文芸の世界では平安京が「四神相応の地」という「霊的に祝福された都市」である、という言説がかなりの頻度で見られるようになってくるのである。それは、軍記物語に多く出現している。その嚆矢というべき資料が、『保元物語《ほうげんものがたり》』上巻「将軍塚鳴動《しょうぐんづかめいどう》の事」である。

就中《なかんづく》、左青龍・右白虎・前朱雀・後玄武、凡《およ》そ四神相応の地也とて、桓武天皇延暦十三年、長岡の京をこの平安城にうつされて後、嵯峨天皇の御宇《ぎょう》、弘仁元年九月十日、平城先帝世をみだし給ひしかども、この京はみだれず。

（とりわけ、左に青龍、右に白虎、前に朱雀、後ろに玄武という地勢は四神相応の地であるとして、桓武天皇が延暦一三年に長岡京を廃しこの山城の平安京に移されてからは、平城天皇の御世である弘仁元年九月一〇日に薬子《くすこ》の乱があったが、この平安京は乱れることがなかった）

いうまでもなく、『保元物語』は一二世紀中頃、藤原氏の忠通《ただみち》と頼長《よりなが》、皇室では後白河《ごしらかわ》天皇《てんのう》と崇徳上皇《すとくじょうこう》とが反目しあい、ついに戦乱に及んだ保元の乱を物語化したものである。

大将軍像（平安時代）
（大将軍八神社蔵）

結果は忠通と後白河の軍が大勝したのだが、平安京は戦乱の舞台となり、人心大いに乱れた。こうした世情を物語るかのように、都では不吉な出来事が起こった。それが、先の引用の前に記された、彗星の出現と将軍塚の鳴動である。再び『保元物語』を引いておこう。

さんぬる五日の暁より彗星東方に出で、いまだかくれず。将軍塚しきりに鳴動す。天変地夭、占文の指す所、そのつつしみかろからず。いかがすべき世の中やらんとぞおぼえし。就中禁中にも仙洞《せんとう》にも軍兵をめしをきて合戦あるべしと聞こえければ、いかなる世にならんずらん。

（去る五日の暁から東に彗星が出て、いまだに隠れることがない。将軍塚はしきりに鳴動している。この天変地異は、占いによるとかなり深刻なものである。いったいどうすべき世の中であろうと思える。とくに禁中にも仙洞にも兵が召されて合戦があるようだと聞いているので、まったくどんな世になるのだろうかと危ぶむ）

「禁中」は天皇の居所、「仙洞」は上皇の御所を指す。そこに兵士たちが召集されたというのだから、平安京が戦闘の場となるという恐怖感が人々に蔓延していたことは確実だ。それが凶事であるのは、不吉なことが起こる前に空を飛ぶという彗星の出現と、都に危機が訪れたとき鳴動する将軍塚の怪異が発生したことからうかがえる。

将軍塚とは、現在の京都市の東山にある小高い山に造られた塚である。ここは、桓武天皇が平安京に都を定めたとき、人形《ひとがた》に甲冑《かっちゅう》を着せて埋め、外界からの悪霊や敵から平安京を守らせたと伝えられている場所だ。将軍塚が本当に平安建都当時からのものかどうかはわからないが、平安末期の『伊勢物語』の注釈書である『和歌知顕集《わかちけんしゅう》』（ただし、書陵部本にしかこの記事はない）にすでに見えている。

この所聞きしよりは、見るはまさりたりければ、賀茂大明神を鎮守として、我が王法のすゑたへざらんかぎりは、末代にもこの宮こをほかへうつすべからず、と御心に祈請しつつ、土にて八尺の人かたを造りて、くろがねをもて鎧をし、ひをどしにをどして着せつつ、あしげなる馬の大なるに乗せて、王城を長く守護せよとて、東山阿弥陀が峰といふ所に、西に向かへて高く埋ませ給てけり。天下にわづらひあらんとては、かの塚、今も鳴り騒ぎはべるなり。

（この平安京は聞くよりは見たほうが勝っているので、賀茂大明神を土地の守りとして、天皇の力が行く末絶えないかぎり、末代にもこの都を他へ移すことがないように、と土で八尺の人形を造り、くろがねの鎧を着け、緋おどしを着せて、葦毛の大きな馬に乗せて、「都を長らく守りたまえ」と東山の阿弥陀が峰というところへ西に向けて埋めさせなさった。世の中に凶事が起こると、この塚は今も鳴動いたすのである）

ここで注目したいのは、「末代まで平安京から都を移すな」という一文である。桓武天皇のこのような祈りは、都が戦乱の場となることでもろくも潰されようとしていた。だから、その警告として将軍塚は鳴動したのである。

平安人の危機意識

平安京が都でなくなってしまうかも知れない、という危機感は、天皇から一般人に至るまでに大きな衝撃を与えたと推測する。だが、その危機感は保元の乱の後、平家の時代には現実のものとなる可能性が出てきたのである。それが、平清盛が都を摂津の福原に移そうとした事件だった。『平家物語』巻五「都遷《みやこうつり》」には、その大事件について記した後、平安京の成り立ちが「四神相応の地」という言葉とともに語られている。

しかるを桓武天皇延暦十三年十月二日、奈良の京春日《かすが》の里より山城国長岡にうつして、十年といひし正月に、大納言藤原小黒丸《ふぢわらのをぐろまる》、参議左大弁紀《きの》こさみ、大僧都賢璟《けんけい》等をつかはして、当国葛野《かどの》郡宇多の村をみせらるるに、両人ともに奏して云はく、「この地の体を見るに、左青龍、右白虎、前朱雀、後玄武、四神相応の地也。尤も帝都を定むるに足れり」と申す。

（そうして、桓武天皇が延暦一三年一〇月二日に、奈良の春日の里から山城国の長岡京に遷都して一〇年という正月に、大納言藤原小黒丸、参議左大弁紀こさみ、大僧都賢璟らを遣わして、山城国の葛野郡宇多村を見に行かせると、両人ともに天皇に、「この地を見ると、左に青龍、右に白虎、前に朱雀、後ろに玄武が控える四神相応の地であります。帝都を定めるのにもっとも適切です」と申し上げた）

この部分では、都が移ることの事例を古代からあげているが、もっとも字数を費やされているのは平安京である。なにしろ、本当に都が移る事態になってしまったのだ。『平家物語』では、平安京が「四神相応の地」であることを主張し、やんわりと都移りを批判しているのである。福原などに行かなくても、この平安京こそが帝都にふさわしい理想の都なのだ、と『平家』は語る。それは、今よりも理想的であった過去の平安京の栄華を人々にイメージさせるためであり、「四神相応の地」という言葉は平安京がいかに理想的な立地条件の都であるかを強調するためでもあった。

日本人によって編み出された切り札

これと同じ言説は、後の文芸にも受け継がれた。南北朝時代の『神皇正統記《じんのうしょうとうき》』中巻「桓武」の条でも、同じような言説が見られる。

昔、聖徳太子蜂岡《はちをか》に登り給ひて今の城を見めぐらして、「四神相応の地也。百七十余年ありて都を移されて、変はるまじき所なり」とのたまひけりとぞ申し伝へたる。その年紀もたがはず、又数十代不易《ふえき》の都となりぬる、誠に王気相応の福地たるにや。

（昔、聖徳太子が蜂岡にお登りになって今の平安京を見めぐらして、「これは四神相応の地である。これから一七〇年あまり後にここに都が移されて、それ以後変わることのないところである」とおっしゃったと申し伝える。その予言の通り都移りは一七〇年余後のことであり、また天皇数十代の間変わらない都となった。ほんとうに天皇の力に合った縁起のよいところであろう）

『神皇正統記』は南朝側の歴史書であるが、桓武天皇が定めた都は、じつはそれ以前に聖徳太子によって「四神相応の地」という、いわばお墨付きをもらった場所であったと説く。ここにも、「四神相応の地」は都として永々と存続するという考え方が見えている。

しかし現実には、平安京は院政期に荒廃、衰退しており、もはや理想の都とはいえなくなってしまっていた。そして、それはもはや捨て去られる運命にもあった。こうした都存亡の危機感が、理想の都市としての平安京のイメージ化をいやがうえにもあおったのだった。平安京が「四神相応の地」であると説くことは、ここが昔からも、今も、そしてこれからもずっと日本の中心であり、ただ一つの都であるということを保証するための戦略だったといえよう。

これまで、平安建都と中国の風水思想との齟齬《そご》を中心に見てきたが、風水思想の中核をなす「四神相応の地」という言葉は一二世紀以降に広まった、きわめて日本的な理解をともなうものであったことがわかったかと思う。したがって、安倍晴明が呪文としてそれを唱えることはなかったし、天文博士であった彼の職掌には風水的な要素はほとんどなかったといってよかろう。幾度もの戦乱、天災、そして遷都の噂……。「四神相応の地」とは、平安京の危機に対処するために日本人によって編み出された切り札だったのである。

第五章　時代のなかの晴明

1　晴明の事跡と平安中期の世相

晴明ブームの余波

二〇〇〇年を過ぎたころから、それまでいくつかの先学の研究はあったものの、多くは小説やマンガといったサブカルチャーの世界でブームが起こってきたことへの反動だろうか、陰陽道の専門家による地道な研究がブームの表面に浮かび上がってきたように思える。それまでも、村山修一氏、山下克明氏のような陰陽道の研究家が重要な仕事をしてきたのだが、これらの研究に材を取り、陰陽師や陰陽道を一般の人々に知らしめたのは、作家たちである。安倍晴明という人物にスポットを当て、一般人読書人に強くアピールをしたのは荒俣宏氏や夢枕獏氏らだった。とくに夢枕氏の書く『陰陽師』シリーズはすでに六冊を超え、私が原稿を書いている間にも数百万部の売り上げを計上しているすごさである（二〇二三年時点で一七作）。

しかし、晴明が小説やマンガによって人口に膾炙《かいしゃ》した状況には、いくつかの問題点が見出せる。そのもっとも大きなものは、一般読者が、作家やマンガ家の描く虚構の晴明像をあたかも実像であるかのように思い込んでしまったことである。たとえば今、晴明の姿を描くとするならば、多くの人が岡野玲子氏が作り上げたキャラクターである白皙の貴人の姿を無意識に踏襲することだろう。

あの晴明桔梗紋がついた「晴明グッズ」を売り出した、京都の晴明神社の近所にある堀川商店街では、安倍晴明のイラストを募集していたが(『朝日新聞』二〇〇三年六月一八日付)、「自由な姿で描いてみて」という惹句があるにしても、集まったものはおそらく岡野氏の描く晴明と酷似した白皙の美青年がほとんどだったのではあるまいか。各地の晴明神社に残された晴明の絵像のような、ふっくらした短軀の中年男のイラストが送られてくるとは思えない。それほど、私たちの目はヴィジュアル的な媒介物に支配されているのである。

こうした背景をうけ、研究者たちは歴史資料を駆使して「安倍晴明の虚像と実像」というテーマで講演したり本を書いたりすることが増えてきた。だが、その多くは幻想の「晴明さま」を慕う人々からそっぽを向かれることが多かった。「晴明は超能力者でもなんでもなく、ただの陰陽寮というお役所の役人だった」と結論づけている諏訪春雄氏の『安倍晴明伝説』(ちくま新書、二〇〇〇年)が版を重ねることなく置き去りにされているのも、ブームを背負っている若い人々からの反発のあかしと思われる。

また、先にも述べたが、鈴木一馨氏は『陰陽道』(講談社選書メチエ、二〇〇二年)のなかで、学生に晴明の実像を講義したら、「自分のイメージしている晴明とあまりにかけ離れているのがショックだった。聞かなければよかった」という趣旨の発言をされたという、悲しいエピソードを披露している。

しかし、研究の本分は読者におもねることではない。もちろん、晴明ブーマーにも読んでほしいけれど、資料にもとづいて考証された晴明の姿を明らかにすることはとても大切なことなのだとわかってほしいのである。「安倍晴明公の史料」(『安倍晴明公』講談社、二〇〇二年)で、晴明在世中の歴史資料だけに限ってそこに現れた晴明の姿を年譜化した嵯峨井建氏は、鎌倉以降の史料や説話伝承を採らなかった方針について次のように述べている。

こうした方針は、ややもすれば晴明公の人物像を平板で味気ないものにしてしまうきらいがある。しかし、まずはなさるべき基礎的作業として、この方針を堅持した。何の根拠もなしに恣意的にイマジネーションのみで増幅するのもいかがかと思う。

嵯峨井氏の「覚悟」は、晴明研究にとって基礎の基礎を造るための大切な作業と認識するべきである。私たち研究者には、一見おもしろくなさそうな作業でも、それを行ってからサブカルチャーの世界ときちんと対峙する必要があるのだ。

晴明と紫式部は同時代人

さて、前置きが長くなったが、ここではいくつか作成されている晴明の年譜にもとづき、平安中期の晴明の事跡をたどってみたい。管見であるが、晴明年譜を初めて作成したのは、志村有弘氏の『平安京のゴーストバスター』（角川書店、一九九五年）である。しかし、氏の年譜には『大日本史料』からの孫引きが混じっており、いささか用いることをためらわせるものだった。その後、高原豊明氏（「晴明公と宗教」、『安倍晴明公』講談社、二〇〇二年）、嵯峨井建氏（「安倍晴明公の史料」、同右）が世に出ているが、高原氏と嵯峨井氏の年譜作成についてのスタンスがかなり違っているようで、取り上げる資料の多くは重なり合うものの、まったく同じ年譜にはなっていない。私はこれら三者の年譜を比較することで、平安中期の晴明の周辺を当たってみようと思う。

平安中期といえば、平安王朝のなかでも文化的にもっとも充実した時期でもある。私はかつて、晴明が生きた時代背景を探るために、彼の在世中どのような事件が起こり、どんな人物が生きていたのかということがわかる年表を作ったことがある（『日本古典への招待』ちくま新書、一九九六年）。調べてみると、晴明だけが活躍する説話や伝承を読んでいてはわからない、平安中期のもう一つの大きな面を見ることができた。それは、学校で古典の授業を受けた人ならみんな知っているような有名人が、晴明と同じ時代に生きていたということである。

たとえば、日本では紫 式部《むらさきしきぶ》を知らない人は少ないと思うが、彼女は現在の学説によると天延元年（九七三）ころの生まれとされている（『日本古典文学大辞典』による）。一方晴明は、延喜二一年（九二一）に誕生したと伝えられている（『土御門家譜』）。紫式部と並び称される女性作家の清少納言《せいしょうなごん》も、康保三年（九六六）ころの誕生といわれている。紫式部に「和歌がうまい」といわれた和泉式部《いずみしきぶ》も、貞元二年（九七七）前後の生まれと推測されている。この三人の平安王朝を代表する女性たちが、晴明と同じ空気を吸っていたのである。

このことに言及する本もある。本書と同年に出版された『安倍晴明・紫式部を歩く』（高原豊明・岡本小夜子、講談社、二〇〇三年）である。本文ではこの事実に触れてはおらず、内容も遺跡やゆかりの地の案内のみであるが、本の帯には、

平安中期の西暦一〇〇〇年前後繁栄を謳歌した藤原道長のもとに仕えた紫式部と安倍晴明は住居も近い同時代人だった。

とある。この帯の文句を考えた人は慧眼《けいがん》といえる。

よく考えてみれば、晴明は『宇治拾遺物語』や『古今著聞集』に道長への呪詛を見破ったという説話があり、道長とは深いつながりがある人物である。歴史事実でも、長保二年（一〇〇〇）、道長の娘で一条天皇の後宮に入った彰子《しょうし》の立后の日時を晴明が占ったという記事が、道長自身の手になる『御堂関白記《みどうかんぱくき》』に記されている。周知のように、紫式部は彰子に仕えた女房であり、道長との仲を噂されることもあった。ジャスト一〇〇〇年、晴明は八〇歳、紫式部は推定二八歳。つまり、道長を通じて二人が顔を合わせている可能性は非常に高かったといえよう。

また、娯楽性の強い小説だが、谷恒生氏の『安倍晴明』シリーズの一冊「紫式部篇」（小学館、二〇〇一年）は、紫式部が九歳のとき晴明と出会い、その後晴明が激励して彼女に『源氏物語』を書かせたという破天荒な物語である。史実では、紫式部が九歳のとき晴明は六一歳のはずであるが、小説ではやはりクールな美貌の青年として描かれている。ちなみに、この小説は和泉式部と紫式部が幼なじみとされており、ここに和泉式部を登場させたのは慧眼だと思うが、のっけから男性経験豊富な和泉式部が紫式部にかなりきわどい性の話をする、という俗悪ぶりにはついていけない人も多かろう。

彼女たちの日記に登場しない

さて、晴明がこのような女性作家たちと同じ時代に生きたからには、彼女らの著作に晴明が何らかのかたちで登場してもよさそうに思われる。とくに紫式部は『紫式部日記』を著しているので、可能性は高いようだが、残念なことに『日記』は寛弘五年（一〇〇八）から始まっており、寛弘二年（一〇〇五）に没したといわれる晴明は登場するはずはない。

この年、中宮彰子は初めての出産を経験し、第一皇子の敦成親王《あつなりしんのう》をあげている。出産には陰陽師と僧侶を呼ぶことになっているので、もし晴明が後数年長生きをしていれば、『日記』に登場したかも知れない。『日記』には、「陰陽師とて、世にあるかぎり召し集めて」とあるので、ここに晴明の名が記されていないのは、彼がすでにこの世の人ではなかったことを証明していよう。

それにしても、小説やマンガの晴明は常に若く、美しい姿で描かれるが、事実はそうではなかった。晴明が初めて歴史の上に登場するのは、嵯峨井氏の年譜によれば天徳四年（九六〇）、四〇歳のことである。『中右記』の当該年の条には、一二月一二日に、内裏の焼亡で失われた太刀を村上天皇の勅命により鋳造する、とある。晴明はこのとき天文得業生、つまり陰陽寮の見習い陰陽師だった。それまでの晴明には、貴族が日記に書き残すような仕事がなかったことになる。その後、晴明がもっとも活躍するのは六〇歳をすぎてからである。

だが、晴明が六〇歳以降だと清少納言も、紫式部も、和泉式部もすでに物が書ける年齢に達していたはずだが、晴明への言及がまったく見あたらないのは不思議としかいいようがない。次節で述べるが、『源氏物語』と『枕草子』には、陰陽師が現れる場面がいくつか存在する。もし晴明が説話にあるような活躍をしていたならば、同時代人の女性作家は晴明をモデルにして陰陽師の姿を描いていそうなものだが、そのような形跡はまったくない。

とすれば、六〇歳以降の晴明の活動も、説話や物語、そして現代の小説やマンガのようなはなばなしいものではなかったといえるのかも知れない。その意味では、晴明ほど実像と虚像の隔たった人物はいないといえる。

怨霊祓いはしなかった

「平安京は怨霊に呪われた都で、晴明はそれらと闘う」というようなあらすじの小説やマンガは数多いが、陰陽師が怨霊を祓《はら》うという職務になかったことを明確に指摘したのは、陰陽道の専門家である山下克明氏である（「陰陽道の歴史——その成立と特質」『図録　安倍晴明と陰陽道展』京都文化博物館、二〇〇三年）。

さらに特定の怨霊鎮祭、死者追善に関わらないのも陰陽道の特徴である。一般に陰陽師安倍晴明が怨霊や物の気《け》と対決する小説や劇画のイメージが浸透しているが、それは物怪《もつけ》と物の気とを混同したことによるもので、前述のように物怪は怪異のことで死者霊の祟《たた》りである物の気とは異なる。

これが晴明の実像といえよう。物怪（もののさとし）という怪異現象を占いによってあらわにすることまでが陰陽師の仕事であり、それを天皇や貴人に奏上すれば後は自ら手を下すことはないのだ。だから、女性作家たちも陰陽寮の一役人である晴明を特別視することなく、みずからの著作に記すこともなかったのである。

今、世に流通している小説やマンガの作者は、この事実を知っているのだろうか。知っていて晴明を超人化しているとすれば、それにのめり込んでいる数多《あまた》の読者はどうしたらよいのだろう。小説やマンガでしか晴明を知らない読者がこの本を読んだら、「晴明のイメージが狂った」というのだろうか。私としては、虚像と実像の差を知ったうえで楽しんでほしいと思うことしきりである。

2　王朝文芸にみえる陰陽師

清少納言と紫式部の見た陰陽師

今まで述べてきたように、晴明の同時代人には有名な女性作家が生きていた。彼女らは紫式部のような受領《ずりょう》の娘、中流貴族であり、一条天皇の后《きさき》らに仕えていた女房である。六〇歳から本格的な活動が歴史資料に記されることとなった晴明よりもみな年下と推測されているが、彼女らが世にあった時代、晴明が後の説話に見られるようなはれがましい活躍を示していたら、何らかのかたちで書き残すことがあっただろうが、所詮《しょせん》晴明は陰陽寮の一役人にすぎず、プライドの高い宮廷女房にしてみれば、そのような陰陽師一人のことを名前をあげて記しておく、というようなことはなかったと思われる。

では、清少納言や紫式部は陰陽師という存在についてまったく関心がなかったのだろうか。答えは、否である。宮廷女房が仕える主人たちは、日頃いろいろな用事で陰陽師の占いを利用していたし、陰陽師が宮中や貴族の邸に召されて仕事をするということは少なくなかった。とくに陰陽師の活躍が期待されたのは、権力者の娘が入内《じゅだい》して天皇の子を出産する際だった。『御産部類記《ごさんぶるいき》』によると、后の出産には必ず陰陽師と僧侶が出仕することになっていたのである。後に紹介する『紫式部日記』には、そのあたりの事情が記されている。

大切な主人の命をかけた出産に奉仕する陰陽師たちのことを、女房が知らないはずはなかった。また、陰陽師は日頃の忌みや禁忌を占ったり、暦を作ったりと、女房たちからの依頼もあったと思われる。女房たちはそれによって物忌みをし、定められた日に洗髪したりしたのである。

ここでは、清少納言と紫式部が陰陽師をどのように描いているかを確認してみたい。

「さわやか」な陰陽師

まず、『枕草子』を取り上げるが、このなかで清少納言は陰陽師について二回言及している。最初は、三巻本第三十一段の「こころゆくもの」という「ものづくし」の章段である。「こころゆくもの」とは、「見ていて気持ちがよくなるもの」という意味である。

こころゆくもの、(中略)物よくいふ陰陽師して、河原にいでて呪詛のはらへしたる。

(見ていて気持ちがよくなるものは、弁舌さわやかな陰陽師が鴨川の河原に出て、呪いを避けるお祓いをしているところ)

（中略）部分には、よく描けている大和絵や、白く清い紙に手紙を書くこと、などがあげられている。短いが清少納言らしいみずみずしい感性が見られる章段である。「清く、さわやか」というものの部類に陰陽師が登場するのは、陰陽師の仕事が何となく暗くて怖いというイメージ（現代人が小説やマンガでそう思いこんでいるもの）があるから不思議に思えるが、いわゆる「平安京の闇を祓う」といった大げさな姿はここにはない。弁舌さわやかというのは、陰陽師が祓えのために壇を設け、そこで「祭文《さいもん》」を朗々と読む姿をいうのである。

なぜ河原で祓えを行うかというと、呪詛とは特定の人物に対して呪いをかけることだから、その呪いを人形に移して川に流すからである。そうした光景を、清少納言は実際に目にしていたのだろう。

続いて『枕草子』第三百段にも陰陽師の使う小童《こわらわべ》についての記述が見える。

陰陽師のもとなる小わらはべこそ、いみじう物は知りたれ。祓などしに出でたれは、祭文など読むを、人はなほこそ聞け、ちうと立ち走りて、「酒、水いかけさせよ」ともいはぬに、しありくさまの、例知り、いささか主に物いはせぬこそうらやましけれ。さらん者がな、使はんとこそおぼゆれ。

（陰陽師のところで使われる小わっぱときたら、何でもよく心得たものだ。陰陽師が祓えなどをしに出かけて祭文などを読むのを他人はただ聞いているだけだが、小わっぱはちょろちょろ走り回って、陰陽師が「酒・水を注ぎかけなさい」ともいわないうちに、やってしまう様子が作法を心得ていて、少しも主人によけいな口をきかせないのがまったく羨ましい。「あんな者がいればいいな、召使いたい」とまで思わせることだ）

これも先ほどと同じく、清少納言の実見だろう。どこかの屋敷で祓えが行われた際に同席したのかも知れない。陰陽師が使うモノとしては式神が有名であるが、この童はそういったものではないようだ。おそらく、晴明が少年のころ賀茂忠行に仕えたと伝えられるように、将来才能があれば陰陽師の後を継ぐこともできる子どもである。子どもに関心が深い清少納言の目は優しいが、童の機転のききようを誉めるのはいかにも彼女らしい。

このように、清少納言の生活には陰陽師の存在がかなり関わっていたことがわかる。しかし、彼女は陰陽師の名に興味を示すことはなく、自分の感性にぴったりなものの一つとして語っているだけである。

下級の陰陽師は「見苦しい」

『枕草子』には、もう一箇所陰陽師に言及した章段があるのだが、こちらは「見苦しきもの」（第百九段）に入っている。ただし、これは陰陽寮の正式な役人ではない、民間の法師陰陽師である。

見苦しきもの、（中略）法師陰陽師の、紙冠《かみかうぶり》して祓したる。

同じく「見苦しい」とされているのは、かもじを付けた色黒い不細工な女とひげづらの痩せた男が昼間から添い寝している、とか、珍しい客の前に赤ん坊をおぶったまま出てきた者などがあげられ、清少納言の筆致はいかにも憎々しい。河原で祓えをする陰陽師の姿と法師陰陽師とは、正と負の一対となっている。

この「法師陰陽師」とは、従来多くの『枕草子』注釈書では「法師・陰陽師」と校訂されており、『日本国語大辞典　第二版』ではその意味を「僧侶でありながら陰陽師を務める者」としているが、これは誤りである。法師陰陽師とは陰陽寮に属さない民間の陰陽師で、僧侶の姿をしていることからそう呼ばれる者である。だから、法師陰陽師を呼んで祓えなどをするのは貴族の家ではなく、一般人の家だ。紙冠とは紙で作った形ばかりの冠で、

『春日権現験記絵』の法師陰陽師
（右の人物、鎌倉時代）
（宮内庁三の丸尚蔵館蔵）

『春日権現験記絵《かすがごんげんげんきえ》』にはその絵像が描かれている。紙冠をかぶるというのは正式な陰陽師のまねである。こうした民間の陰陽師は、室町時代には下級宗教者として差別の対象になっていった。

紫式部の見た陰陽師

清少納言がどこで民間陰陽師の姿を知ったのかはわからないが、彼女の感性からすると、法師陰陽師などは下賤の輩《やから》と映ったのだろう。法師陰陽師に対する冷たいまなざしは、紫式部にもあった。彼女の和歌を集めた『紫式部集』には、紙冠をして祓えをする法師陰陽師を「憎みて」とする詞書と歌が残っている。

弥生のついたち、河原に出でたるに、かたはらなる車に、法師の紙冠にて、博士だちをるを憎みて、

祓戸《はらへど》の紙のかざりの御幣《みてぐら》に　うたてもまがふ耳はさみかな（十四）

（三月一日、河原に出ると、かたわらの車に法師陰陽師が紙冠をして、まるで博士きどりでいるのを嫌に思って詠んだ歌。「祓えをするこの祓戸に設《しつら》えた祭壇の紙の御幣の前に、嫌なことに紙冠の垂れ紙を耳にはさんだ下品な姿の法師陰陽師がいることよ」）

弥生一日、つまり陰暦の三月一日は河原で除厄息災の祓えをする習慣があった。清少納言が見て気に入った陰陽師もこうした祓えに奉仕していたのだろう。しかし、紫式部の場合は、正式な陰陽師でもない法師陰陽師が、まるで陰陽博士のようにもったいぶっているのを「憎んで」いる。「耳はさみ」とは、通常は女性がびんの髪を耳にはさむことをいうが、それは貴族にとって大変下品な行為だった。

しかし、紫式部もちゃんとした官人である陰陽師には何も文句をつけなかったようだ。みずからが出仕する中宮彰子の最初の出産が冒頭に描かれる『紫式部日記』寛弘五年（一〇〇八）九月十日条では、出産の際に現れる物の気（悪霊）を占うために陰陽師が召されたことが記されている。

御物《おんもの》の気《け》ども駆《か》り移し、限りなく騒ぎののしる。月ごろ、そこらさぶらひつる殿のうちの僧をばさらにもいはず、山々寺々をたづねて、験者といふ限りは残りなくまゐりつどひ、三世《みよ》の仏も、いかに翔《かけ》り給ふらむと思ひやらる。陰陽師とて、世にある限り召し集めて、八百万《やほよろづ》の神も耳ふりたてぬはあらじと見え聞こゆ。

（僧たちは出現する悪霊を駆りだしてよりましに移し、加持祈禱の声が限りなく大きく聞こえる。日頃道長と関わりのある僧はいうに及ばず、山々寺々をたずねて、験力の強いという僧を限りなく集めて、過去・現在・未来の三世の仏もさぞ走り廻っておられるだろうと思いやる。陰陽師も、この世にいる限り召し集めて祓えをさせるので、日本のすべての神々もその声に耳を傾けないことはないと思える）

映画では、晴明が「青音《あおね》」という八百比丘尼《やおびくに》のような女性をよりまし（物の気を移す媒体）として、呪詛された赤ん坊から物の気を引き離すという場面があったが、陰陽師の仕事は物の気が誰であるかを占うことであり、それを駆りだして調伏するのは僧侶の役目である。ここでは、彰子出産の際に現れた物の気の正体を明らかにするため陰陽師が召されているのだ。

ちなみに、当時物の気を調伏する僧侶としては浄蔵《じょうぞう》や元三大師《がんざんだいし》・良源《りょうげん》らの密教僧が知られていた。

岩崎陽子氏のマンガ『王都妖奇譚』では、晴明とともに良源を登場させているのが目新しい。良源は比叡山内の伝承では左の眉が長いとか、あまりの美男ぶりなので参内すれば女房たちが騒ぐので、いつも仮面をかぶって山を降りた、といわれているが（現職天台僧・野本覚成師からうかがった）、マンガではそうした伝承を自由に用い、晴明と同じアッシュ系のロングヘアーで登場させている。

陰陽師は占いをするだけ、ということは、晴明が怨霊を調伏するという謡曲の『鉄輪』とは齟齬するようだが、すでに室町時代には、陰陽師にも怨霊を退散させる力があるという「誤解」が生じていたと見える。『今昔物語集』巻二十四では、民間の陰陽師らしき者が死霊を退散させる記事が出てくるが、こうした民間陰陽師の活動は陰陽寮職員の職掌とはずいぶん異なっている。このように僧侶の力を借りずに霊を調伏するという民間陰陽師が謡曲の生まれた室町時代には多かったため、晴明も同じことができる、というように考えられたのだろう。

晴明への言及はなかった

さて、引用部分の続きを読んでゆくと、次のような記述が見える。

今とせさせ給ふほど、御物の気のねたみののしる声などのむくつけさよ。源の蔵人には心誉《しんよ》阿闍梨《あじやり》、兵衛《ひやうゑ》の蔵人にはそうそといふ人、右近《うこん》の蔵人には法住寺の律師、宮のつぼねにはちそう阿闍梨をあづけたれば、物の気にひきたふされて、いといとほしかりければ、念覚《ねんがく》阿闍梨《あじやり》を召し加へてぞののしる。阿闍梨の験のうすきにあらず、御物の気のいみじうこはきなりけり。

(今まさにご出産というとき、安産の気配によりましに移された物の気が憎み騒ぐ声がして恐ろしいことよ。よりましを差し出した女房である、源の蔵人には心誉阿闍梨が、兵衛の蔵人には「そうそ」という僧、右近の蔵人には道長の建てた法住寺の律師、宮の局にはちそう阿闍梨がそれぞれついているのだが、よりましたちが物の気に引き倒されてとてもかわいそうなので、念覚阿闍梨を召し加えて再度経を大声で唱えさせる。阿闍梨たちの験力が薄いからではない。物の気が大変手強いからである)

念のためだが、「蔵人」とはみなよりまし役の女房の出仕名である。このように、僧侶がよりましを使って物の気を退散させるのである。僧侶と陰陽師は、出産や病気の際に、連携して物の気退散に当たるのだ。紫式部は、そうした場面を実見したに違いない。宮廷女房にとって陰陽師が物の気を占う場面はなじみの深いものだったのである。

そのためか、『源氏物語』にも、回数は少ないが陰陽師が登場している。「須磨」の巻では、流された光源氏が弥生一日の祓えのために、「この国にかよひける陰陽師」を召しているし、「若菜上」の巻では明石の女御の出産に陰陽師たちが「居場所を移られて物忌みするように」と進言している。また、「柏木」の巻には、女三宮と密通したことが源氏にわかってしまい病に陥った柏木のため、父が陰陽師に占いをさせると、「多くは女の霊とのみ」というだけで、誰の物の気なのかわからない、という部分が見える。

このように、晴明と同時代人の女房たちは、陰陽師というものを日常のレベルで目にしていたことが明らかである。だが、そこには晴明の名は現れてこなかった。それは、晴明という陰陽師が、生前はさほど大きな仕事やはなばなしい活躍をしたのではないことを物語っていると思われる。宮廷女房らにとって、晴明など一介の陰陽師にすぎなかったと言ってもよいかも知れない。説話集に残された晴明の数々の活躍ぶりは、紫式部らの時代から百数十年後の院政期における第一次ブームを待たねばならなかったのである。

ところで、院政期にあれほどまで晴明の験力の強さを強調した説話が生まれたのと比較すると、晴明と同時代に活躍したほかの陰陽師の説話はあまり知られてはいない。紫式部や清少納言と同じく、晴明と同じ時期にはどのような陰陽師がいたのだろうか。次節ではその点について述べることにしよう。

3　賀茂光栄と晴明

陰陽道の嫡流

晴明の同時代人として必ず語るべき人物が、賀茂光栄《みつよし》である。光栄は晴明が師事した賀茂忠行の息子である保憲の実子であり、天慶二年（九三九）生まれなので、晴明よりは一八歳年下である。当時陰陽寮のほとんどの役職をつかさどっていた賀茂家の嫡男だ。彼は説話や物語の世界では二話にしか登場しておらず、晴明の伝承が江戸時代まで続いたことを思うと、一見さほど優秀な陰陽師ではなかったかのように見える。それというのも、彼について語る二話の説話には、晴明のような「格好よさ」が見えず、それよりも「嗚呼《おこ》の沙汰」が記されるからだった。説話化されるのも、晴明のように没後一〇〇年以内というスピードではなく、ようやく鎌倉時代に入ってからのことである。

その二話を収録する『続古事談』から、光栄の説話を紹介しておこう。まず巻五の十六話である。

昔は諸道の博士などは、装束に執することなかりけるにや。光栄と云ひける陰陽師、上東門院の御産の時、あさましげなるうゑのきぬ、指貫《さしぬき》にひらぐつはきて、びむもかかで中門より入りて、階隠《はしがくし》の間よりのぼりて、ふところより白虫《しらむし》をとりいだして、高《かう》欄《らん》のひらげたに当てて、大指して殺しけり。うゑのきぬのしたには、ぬののあをといふ物をぞ着たりける。

（昔は、道々の博士などという人々は装束にこだわることはなかったのだろうか。光栄という陰陽師は、上東門院彰子の出産のとき、驚きあきれるほどひどい表衣に、指貫に平沓をはいて、鬢の毛も整えることなく、正面入り口ではない中門から入り、いきなり階隠の間から上って、懐からシラミを取り出して高欄の平桁に当てて親指で殺したのである。表衣の下には、布の襖《あお》というものを着ていたということだ）

上東門院彰子とは、いうまでもなく道長の娘、一条天皇の中宮である。彼女の出産は、『紫式部日記』に記された寛弘五年（一〇〇八）と、寛弘六年（一〇〇九）の二回が確かめられる。光栄が彰子の最初のお産に陰陽師として召されていたことは、『続古事談注解』（和泉書院、一九九四年）によると、『御産部類記』という后の出産についての記事ばかり集めた本に引用されている『不知記《ふちき》』なる書物（今は散逸している）によって明らかだという。

この、なんとも情けないエピソードは、藤原忠実が知った話を聞書させた『中外抄《ちゅうがいしょう》』の保延三年（一一三七）六月十二日条にもほとんど同じ形で載せられている。寛弘五年当時、晴明はすでに亡くなっていたが、光栄は七〇歳の老体だった。彼は長和四年（一〇一五）に没しているので、没後数百年に説話化されたことになる。

しかし、服装にかまわず、入り口ではないところから寝殿に上がり込み、しかも出産のときにシラミを潰すという殺生を行っている光栄の行状には、『続古事談』の作者も批判的である。だが、この話が『中外抄』という、過去の実話の聞書に記されているということは、光栄の行為がかなり現実に近かったことを意味しよう。晴明の説話と比べると、ひどく格好が悪い。光栄は、やはり晴明よりも劣った陰陽師だったのだろうか。

晴明のライバル

ところが、現実はいささか違う様相を呈している。『帝王編年記』によれば、保憲は陰陽師の仕事である暦道を光栄に、天文道を晴明に、それぞれ伝授しているのである。二人は、生前よきライバルであったようで、『続古事談』巻五の十三話には、晴明と光栄の論争が記されている。

晴明は術法の物なり。才覚は優長ならずとぞ。晴明、光栄論じける、「保憲がとき、光栄をば前にいたすことなし」と晴明申したれば、「愛と憎まんこと、なを等しからず」とぞ光栄申しける。晴明が云はく、「百家集、我につたふ。光栄にはつたゑず。これ、その証也」と云ひければ、光栄、「百家集我が許にあり。又、暦道つたふ」とぞいひける。

（晴明は術を用いるのに長《た》けた者である。学識においてはとくに優れているわけではないと言われている。晴明と光栄とが議論したとき、晴明は「保憲さまの時代には、光栄を自分よりも優位に扱ったことはなかった」と申したところ、「保憲さまが晴明を愛していたからといって私を憎んでいたことにはならない」と光栄は申した。晴明が、「しかし、保憲さまは数々の学者が残した書物を私に残した。光栄には残していない。そのことがその証拠だ」と言ったところ、光栄は、「父の所有していた多くの書物は自分のところにある。また、父は暦道を私に伝えた」と言ったということである）

これはまさにライバルどうしの会話である。光栄は、父が自分にすべての陰陽の道を授けてくれず、明確な出自のわからない晴明に半分を伝授したことにたいそう腹立たしい思いを抱いていたらしい。二人は一八の年の差があったが、『続本朝往生伝』の「天下の一物」（この世でプロとされる者）に並び称されるほどであり、あくまで自分が賀茂家の嫡流であることを主張する光栄が、当時、晴明と同じように、いや、それ以上の力を持っていたことがわかる。

また、晴明がやっと天文博士になったことが確認できる資料は天延二年（九七四）のことであり、すでに晴明は五〇の坂を越えていた（『天延二年記』）。反対に光栄は着実に昇進し、天延元年（九七三）、三五歳で権暦博士《ごんのれきはかせ》になっている（『平戸記』）。光栄の事跡を晴明のそれと対照させた年譜を作成している花田志野氏によると（「実像から虚像へ」、『二松学舎大学人文論集』四九号、一九九二年）、説話世界において光栄が晴明より分が悪いことがそのまま晴明と光栄との実像ではないと指摘している。そして、晴明の説話が多いのは、「安倍氏が賀茂氏に一歩甘んじていた」から、安倍氏の力を見せつけるために超人的な晴明の説話が編み出された、と結論づけている。

賀茂氏にすれば、現在、安倍氏が陰陽家として存在していられるのも、その昔、保憲が晴明に陰陽道の手ほどきをしたからだと思って当然である。そこで安倍氏の子孫達はそのギャップを埋めるための手段として、晴明に神秘のベールをかぶせるという策略に出たのだと思う。

晴明より記録された事例は多かった

もちろん、晴明説話の多さはそれだけが原因ではないと思うが、花田氏は光栄という嫡流の陰陽師にスポットを当て、いわば彼の名誉を回復したという点で評価される。陰陽道の大家である山下克明氏も、歴史資料に見える光栄の活動例が八一もあることを示している（『平安時代の宗教文化と陰陽道』岩田書院、一九九六年）。山下氏は、晴明と光栄がともに蔵人所の陰陽師に任ぜられたことを指摘し、次のように述べている。

またこの両人はともに陰陽寮の極官である頭に任じたことはなかったが、『朝野群載』巻五所収の長徳元年八月一日付の蔵人所月奏により、蔵人所に候す陰陽師であったことがわかる。蔵人所陰陽師は（中略）陰陽師の上臈《じょうろう》が補せられ天皇に奉仕するものであるから、彼らが当時陰陽頭よりも位階上位の陰陽師であったことが知られ、（後略）。

山下氏の作成した光栄の活動年譜からは一条天皇や彰子、そして道長らの貴人に奉仕した項目がほとんどであることがわかる。志村有弘氏の作った最初の晴明年表では、晴明が天皇や后、道長らに対する活動ばかりではなかったことも知られるが（『平安京のゴーストバスター』)、おしむらくは氏の年表はやや正確さに欠けている。同じく晴明年譜を作っている嵯峨井建氏にいわせれば、『禅林応制詩《ぜんりんおうせいし》』などの資料は『大日本史料』の孫引きであり、厳密な晴明の歴史事跡ではないものが混じっているという。

私が志村氏の年譜について疑問を持つのは、氏が晴明の事跡に限っているため、晴明以外の陰陽師の活動が抜け落ちていることである。この点、晴明存命中の資料に限った嵯峨井氏の年譜は非常に優れている。なぜかというと、晴明は単独で活動に当たったわけではなく、しばしば光栄とともに、あるいは光栄と前後して奉仕している様子がうかがえるからである。

嵯峨井氏が新資料も含めてあげた晴明の事跡は六六にのぼる。対する光栄の事跡は、山下氏によると晴明をゆうに超える八一である。このうち、光栄と晴明とがいっしょに奉仕した例は一一回である。これらの数字を見る限り、説話がさほど残されていないからといって光栄が晴明より劣った陰陽師だったとはいうことができない。

しかも、興味深いことにはじめは晴明が奉仕したが、翌日改めて光栄を召しているという記事が目につくのである。これは、推測だが晴明ではうまくいかなかったので光栄にもう一度頼んだということではないだろうか。また、二人がいっしょに奉仕するのは保憲の同門であることから納得できるのだが、花田氏はこのことについて、

> 晴明の方に圧倒的な力があれば、晴明一人に頼めば充分であって、力のない光栄を付け足してもあまり意味がない。そうではなく、二人を同等に使っているということは、二人の力の均衡を示すにほかならない。

と述べている。二人の力が均衡であったかどうかはわからないが、事跡については光栄のほうが多いのであるから、むしろ、晴明のほうが劣っていた可能性がきわめて高くなるだろう。

晴明と光栄の共働

では、晴明と光栄が同時に（あるいは前後して）奉仕している記事を見ていくことにしよう。初めて二人の名前が同じ資料に現れるのは、小野宮実資の『小右記』寛和元年（九八五）四月十八・十九日条である。大臣の藤原実資の女房のお産が予定より遅れたので、まず一八日に光栄が召され、翌日晴明が奉仕して祓えを行っている。このとき晴明六五歳、光栄四七歳である。年齢が上の晴明ではなく、まず光栄を召したのは、彼が賀茂家の嫡流であり、それ以前にも中宮藤原尊子《ちゆうぐうふじわらのたかこ》の入内のためその日時を勘申するという実績があったからではあるまいか。もちろん、光栄より一八歳上の晴明は、六十代を迎えてますますさかんな活動をしている時期だったが、晴明が光栄の後に召されているのは、やはり「陰陽道なら賀茂氏」という貴族たちの意識があったからだと思われる。

その後、晴明と光栄が同時に召されたことを記す資料はいくつもある。嵯峨井氏作成の年譜によってそれを抜き出してみよう（晴明と光栄とが順に召された記事も含む）。


寛和元年（九八五）　四月一九日　藤原実資の女房の出産が遅れ、前日の光栄に続いて晴明が祓えを行う。

長徳三年（九九七）　三月二一日　晴明と光栄、平野神の神殿造立の日時を勘申する。

同年　六月一七・二三日　晴明と光栄、一条天皇が東三条院への見舞いのための行幸日時を勘申する。

長保元年（九九九）一〇月一九日　太皇太后御病のため、晴明と光栄が召される。

同二年（一〇〇〇）　八月一八日　晴明・光栄に遷宮の日時を勘申させる。

同三年（一〇〇一）閏一二月一六・一七日　一条天皇の行成邸《ゆきなりてい》に渡御《とぎょ》について晴明・光栄その可否を占う。

同年　閏一二月二三日　晴明と光栄、東三条院葬送の雑事について占う。

寛弘元年（一〇〇四）　二月九日　道長、木幡三昧堂建立の地について晴明・光栄に

同年　八月二一日　中宮の大原野社行きが、晴明・光栄の占いにより延期される。

同年　一二月三日　道長のため、晴明・光栄・昌平らが祭りを行う。

たとえば、『権記《ごんき》』長保三年（一〇〇一）閏十二月十七日条には、一条天皇が藤原行成《ふじわらのゆきなり》の屋敷に渡ることについて、晴明と光栄に占いをさせている。晴明と光栄とが天皇直属の蔵人所陰陽師であったことを思い起こさせる記事だが、晴明一人ではなく光栄にも占わせているのは、先に花田氏が述べているように、晴明だけでは力が充分でないと判断されたのかも知れない。

晴明だけが突出していたわけではなかった

こうしてみると、後代の私たちが「超人だ」と騒ぐほど実際の晴明が人知を超えた力を持っていたとは思えなくなる。彼もまた、単なる陰陽師の一人にすぎなかったといえよう。そして、晴明より早い年齢で活動し始めた賀茂家の嫡流・光栄は、父が陰陽の家を賀茂家と安倍家とに分割してしまったことに割り切れない思いを抱いていたが、実際は晴明より事跡も多く、貴人らに信頼のあつい優秀な陰陽師だったことが明らかである。

晴明は、同時代の資料に当たる限り、後世の説話のようなはなばなしい活躍はなかった。院政期から後、晴明の力を示す説話が続々と生み出されるが、それらは現実には見られない魔術のような力を示すものだった。これらの説話がどのような文化圏から生まれたのかはまだ追究の余地が残されているが、晴明の説話における事跡のほとんどは、平安時代に生きて活躍したあまたの陰陽師たちの伝承が固有名詞を失って、安倍家の始祖たる晴明の事跡として収斂したせいだと考えられる。晴明の「虚像」の背後には、光栄をはじめとする陰陽師たちの姿が見え隠れしているのだった。

第六章　晴明の「敵役」たち

1　晴明はなぜ闘うのか

時代により風貌を変える希有なキャラクター

これまで、主に古典文学と歴史資料とによって安倍晴明の事跡や伝説について考えてきたが、これからは近代、現代の小説やマンガといった、後世における晴明伝説の享受について見ていきたいと思う。

あらかじめ述べておきたいが、本書を書くに当たって私は一つの約束事を設けることにした。それは、晴明に関するすべてのテクストを平等に扱うということである。現代の「晴明現象」を見ていると、晴明ファンのほとんどといってよい人々は、古典文学をじかには読んでいないことが明らかである。みな、現代の小説やマンガによって晴明という存在を知ることが大半だろう。それより少し踏み込んだ人でも、ちまたにあふれかえっている晴明や陰陽道についての簡単な解説書を読んだり、インターネットで晴明関連のサイトをのぞくくらいだと思われる。解説書は玉石混交で、その多くが『今昔物語集』や『宇治拾遺物語』などに収められた晴明の説話を現代語で紹介するページを設けているが、往々にして出典を明記していないので、読み手はそれが古典文学に書かれたものなのか、事実なのか曖昧なままになっていることが多い。

だから私は、本書では今さら同じようなことはしないでおこうと考えた。本書は一般向けのものであって研究書ではないが、これを手に取る人々であれば、すでに晴明の説話などは自明のことだろうと思ったからである。したがって、必要な場合を除いて極力あまり人々の視線が届かない資料を用い、晴明の解説書の二番煎じにならないよう、できるだけ私の考えた新しい説を述べようとしている。

今までの拙著とは違い、私が近代、現代の小説やマンガに言及するのはこれが初めてである。おそらくこの分野には晴明オタクが多いだろうから、私が取りこぼしてしまうことも多々指摘されるだろうが、それは、古典学者が研究という目で見た結果であるとご理解いただきたい。

ともあれ、現代の「晴明現象」の背後にあるのは、なんといっても近代、現代のテクストなのであり、これらに触れないことには、平安時代から続く「晴明現象」のしめくくりをすることができなくなってしまう。また、小説やマンガばかり読む現代人を批判するのはたやすいが、それらの人々によって読まれ、ホームページなどで再生産される晴明イメージは、あくまで小説やマンガによって生まれたものである。

とすれば、現代の「晴明現象」を考察するためには、現代という時代に受け入れられた晴明像を見ておく必要が多分にあるのだ。今まで述べてきたように、院政期や室町後期から江戸初期にかけてのような「晴明現象」が起きている時代には、その時代に生まれた晴明像が当時の人々にもっとも受け入れられたものであるからである。晴明は時代によりその風貌を変えていく、希有な人物の一人なのだった。

映画『陰陽師』

さて、この章は晴明の敵役《かたきやく》として登場する人物たちを、古典から近・現代までのテクストを用いて眺めてみようという趣旨である。私がなぜそのようなことを考えたのかというと、映画『陰陽師』に触発されたからなのだ（私も現代人の一人である。私の中の晴明像も、いくぶんは現代のテクストから影響を受けているということである）。

映画を観た人はおわかりいただけるだろうが、観ていない方もあると思うので、ここできわめて簡単に、映画のあらすじを述べておこう。

宮中で「狐の子」と噂されたり、呪文一つで蝶をまっぷたつに殺してしまうことのできる験力を持った安倍晴明は、公卿《くぎょう》で管弦の上手な源博雅と知り合う。陰陽寮の官人である晴明には、陰陽 頭《おんみょうのかみ》・道尊《どうそん》という上司がいた。道尊は、后となりながら帝の寵愛をなくした祐姫《すけひめ》の父・在原元方《ありわらのもとかた》から、見事男子をあげた中宮親子《ちかこ》を呪詛することを依頼される。

そのころ、博雅は夜な夜な羅城門《らじようもん》前で笛を吹いていたが、それを聞きに来る身元の知れない高貴な女性に心惹かれる。じつはこの女性は、帝に疎んじられた祐姫だった。晴明は帝から、幼い親王が病に冒され苦しんだり、中宮が奇怪な出来事に出会ったりするので、二人にかけられている呪詛を解くよう申しつけられる。そして道尊と晴明との呪術争いになるが、晴明は、人魚の肉を食べたために永遠の命を得た八百比丘尼の青音《あおね》をよりましとして呪詛を祓ってしまう。

晴明に負けた道尊は、今度は祐姫に働きかけて帝や中宮を亡き者にしようとし、ある日祐姫は鬼となって帝を襲うが、晴明の機転で阻まれ、鬼の姿で博雅と出会った祐姫は、恥ずかしさのあまり自害して果てる。二度も晴明に阻まれた道尊は、平安京を守護するため将軍塚に封印された怨霊の早良親王《さわらしんのう》を呼び出し、都を自分の手中に入れようとするが、晴明によって阻止され、進退窮まって自害する。

きわめて簡単とはいいながら、二時間にもわたる映画を紹介するとどうしても長くなってしまった。この映画は、夢枕獏氏の小説『陰陽師』シリーズのうちの『陰陽師　生成《なまな》り姫』にもとづき、祐姫の嫉妬と呪いを中軸に置きながら、小説には登場しない道尊という人物を晴明の敵役として作り出したものである。そこに、羅城門の前で笛を吹く博雅のエピソードや、到来物の瓜から蛇が出てくるという晴明説話などをからませて、映画という新たな媒体のために書き下ろされた。

映画を観た私の感想は、きわめてミーハーなものだった。娯楽映画としては、（使っているエピソードのネタがすぐわかってしまうことを除けば）とてもよく出来ているといってよかった。

二つの疑問

しかし、私には二つの大きな疑問が涌《わ》いたのだった。一つは、平安京とはそこに祟《たた》る怨霊を鎮めるためにいろいろな工夫をされた都である、というコンセプトである。このような考え方をしているのは数多くの「晴明本」作者にもおり、「平安京＝怨霊都市」といったイメージが蔓延していることはいうまでもない。たとえば夢枕獏氏の小説のマンガ化である岡野玲子氏の『陰陽師』第一巻冒頭は、こんな言葉で始まっている。

平安時代……闇が闇として残っていた時代

延喜聖代と呼ばれた醍醐天皇の御代《みよ》でさえ
裏を返せば左遷の憂き目にあい
無念のうちに悶死した
菅原道真の怨霊に
脅かされた時代でもある
のちの王朝文化の開花を予見させた
一見華やかなる
この時代の闇……
暗がりのなかに
鬼神　妖魔　怨霊は
存在していた

夢枕氏の原作ではあまり怨霊のことが言及されていないので、これは岡野氏の見解と見なしていいだろう。一般的な現代人の晴明ファンにとって、こうしたいわば怨霊都市説は耳慣れたものに違いない。つまり、このことは晴明が立ち向かう敵役として、たとえば平安京を呪って死んだ者の怨霊が想定されていることを意味するが、それは妥当な設定なのだろうか。

そして、疑問点の二番目だが、そもそも晴明はなぜ敵役と闘わなければならないのか、ということである。前章までで述べてきたように、晴明は一介の陰陽師であり、超能力者でもなんでもなかったものが、説話化・物語化されるようになって並外れた能力を持つ人物として人口に膾炙してきたのである。彼の呪力は貴族や天皇の日常を占うために用いられたのであり、怨霊を退治するわけではないのだ。いわば地道に陰陽師としての仕事をまっとうしてきた晴明が、なぜ誰かと闘う必要があるのだろうか。

悪役登場

その答えは至極簡単である。晴明にライバルや敵役がいないと、「お話にならない」からである。現実の晴明の事跡はさほど華々しいものではない。だから、彼を説話化・物語化するためにはドラマが必要だったのだ。『今昔物語集』巻二十四にある晴明説話では、播磨から来た民間陰陽師が術を挑んだり、『宇治拾遺物語』には道摩法師という者が道長を呪詛するのを水際で止めた、という説話があったりするが、いずれも、晴明一人だけでは彼の呪力の強さをアピールすることができないから敵役が生み出されたのである。

映画では、架空の人物である道尊が作り出され、晴明との一騎打ちが見どころとなっていた。本書が出版されるころにはすでに公開されていると思《おぼ》しい映画『陰陽師Ⅱ』（二〇〇三年公開）でも、やはり誰かが晴明の敵役となるはずである（出雲の国の長・幻角という人物が敵役となった）。そうでないと、ドラマは成立しないのだ。

さて、説話や物語において晴明の敵役としてもっとも有名なのは、先にも触れた道摩法師である。『宇治拾遺物語』では道長を呪詛するも晴明により発覚し、捕らえられる道摩だったが、その後、室町末期の『簠簋抄』や江戸初期の『安倍晴明物語』では蘆屋道満《あしやどうまん》と名を変えて、憎々しいほどの活躍をする。勧善懲悪がモットーの江戸の物語や歌舞伎では、「悪」の代名詞としてこのくらいの人物が必要とされたのだろう。道満の立場の大きさは時代を追うごとに肥大してゆき、ついに歌舞伎では『蘆屋道満大内鑑』として、外題《げだい》にもなっている。

次節では、この道満像の生成をめぐって述べてみよう。

2　悪人・蘆屋道満の成立

道摩から道満へ

先に述べたように、道満ははじめ道摩という名で現れる。そのもっとも古い説話は、

『宇治拾遺物語』第一八四話であり、ほぼ同じ話は一三世紀の『古事談』と『十訓抄』にも見られる。これはあまりに有名な説話であり、多くの「晴明本」には必ずと言っていいほどあらすじが載せられているが、論の都合上、ここでもおおまかにすじをたどっておきたい。

道長は法成寺《ほうじょうじ》を建立《こんりゅう》した後、愛する白犬をおともに毎日寺に通っていた。ある日、いつものように門を入ろうとすると、犬が道長の前にふさがるようにして吠える。「何事か」と言って道長が車を降りて入ろうとすると、犬は着物の裾をくわえてとどめようとする。「何かわけがあってのことだろう」と道長は思い、晴明を召しにやらせた。

晴明が占うには、「これは、道長さまを呪詛して、まじないものを道に埋めてあるのでございます。もしそれを越されましたら大変なことになっておりましたが、犬は不思議な力のあるものなので、察してそれを告げ申し上げたのです」ということだった。晴明がそのまじないものの位置を占うと、道長はそこの土を掘らせた。五尺ほど掘ったところに、土器を二つ合わせて黄色いこよりで十文字にからげたものが出てきた。あけてみると、朱砂《しゅしゃ》で土器のなかにただ一文字書いてあるばかりだった。「この呪法は私晴明のほかには知る者はおりません。しかし、もしかすると道摩法師がやったのかもしれませんので、調べてみましょう」と晴明は言い、懐から紙を出して鳥の姿にし、呪をかけて空へ投げ上げれば、たちまちに白鷺となって南へ飛んで行った。しもべに鳥の行く先を追わせたところ、六条坊門万里小路《までのこうじ》の古家の中へ落ちた。そこには年老いた法師がおり、捕らえて尋問したところ、「堀川左大臣《ほりかわさだいじん》顕光《あきみつ》さまに頼まれました」と告白した。道摩は流罪を免れ、本国播磨へ追放となった。

この話では、道摩に依頼した顕光が死後に怨霊となって道長に祟った、という一文が最後に語られている。紙に式神を憑《つ》かせて投げ上げるところなど、晴明のさっそうとした仕草が現代人にも喜ばれる説話である。この話からわかることは、道摩は「法師」と呼ばれているように民間陰陽師である法師陰陽師であり、播磨国から都に出てきた者であること、そして、晴明が道摩をよく知っているらしいことである。晴明しか知らない呪法を知る者とあるので、道摩は晴明に拮抗《きっこう》するくらいの呪力を持っていることもわかる。二人は身分こそ違え、ライバルどうしであるのだ。

しかし、晴明と対等に立ち向かうことのできる力を持つ道摩が、この他の説話にはまったく姿を現さないのは不思議である。『今昔物語集』に、晴明の術を試しにやって来た播磨国の陰陽師のことが記される説話があるが、それには陰陽師の名前はなく、道摩であるという確証はない。しかし、道満は晴明と並んで『続本朝往生伝』に陰陽に通じた者として名があがっているうえ、山下克明氏によれば実在の人物だったことが知られるのである。少し長くなるが、山下氏の論を引いておく（「陰陽道の歴史——その成立と特質」、『図録　安倍晴明と陰陽道展』京都文化博物館、二〇〇三年）。

この道満は晴明の敵役として著名な存在だが、実在の民間陰陽師である。寛弘六年（一〇〇九）正月道長と娘の中宮彰子、孫の敦成親王（後の後一条天皇）を呪詛する厭物が発見された。失脚した前内大臣藤原伊周《ふじわらのこれちか》の縁者高階光子《たかしなみつこ》が首謀者、実行犯として法師能円《のうえん》が捕らえられ、仲間の陰陽法師源心《げんしん》も喚問されている。そのとき能円は法家の尋問に「元来僧道満が高階光子の家で召し使う陰陽師である」と答えており（『政事要略』）、道満が道長と敵対する勢力に仕えた人物であったことがわかる。

また、播磨国を拠点とする民間陰陽師が多々いたらしい形跡も残っている。『今昔物語集』で晴明に術比べを挑んだ民間陰陽師も、播磨の智徳《ちとく》という者だった。また、周知の資料だが、室町時代の『峯相記《みねあいき》』という播磨の地誌や寺社縁起を記した書物には、又、清明・道満は一条院御宇、一双の陰陽道の逸物《いつぶつ》也。しかるに道満は、伊周公の語に依《よ》りて、御堂関白を呪詛し申しし、御出の道に封物を埋めけり。清明これを勘じ出でて掘り出さる。即《すなはち》白鷺となりて飛び去りをはんぬ。この科《とが》に依りて、播磨国に流れて、佐用《さよう》奥に住して、帰洛を遂げずして死去しをはんぬ。彼後胤《かのこういんら》等、家をおこし、当道を継ぐに及ばず、当国に沈落して多く英賀《あが》・三宅辺に形の如くこの芸を継ぐ者あり。皆この後胤也。

と、『宇治拾遺物語』に見られる説話と同じ内容が記されている。なお、繰り返すが、ここで晴明が「清明」と表記されているのは誤りではなく、室町以降の資料ではほとんどがこの用字を使っている。『簠簋内伝』で、晴明が二十四節気の「清明節」に生まれたと記されているからである。

ここには、『宇治拾遺物語』の話の後日談が書かれており、道満は播磨国佐用郡の奥に住み、ついに再度都に上ることがなかったという。その子孫の一部は播磨国の一角に住み続け、細々と陰陽師の技を継いでいた。そうした道満の子孫のことは資料にも説話や物語にも見出すことはできない。晴明の敵役は、一代で亡くなってしまったのである。

「宿命のライバル」へ

だが、ここまでの時代における道満は、晴明と互角に闘うというより、彼に術法を見破られて追放され、再び都に姿を現すことがなかったのだから、晴明のほうに断然軍配があがるだろう。ただ、ドラマにおける敵役とは、このようにあっさりとは退場しないものである。死んだかに見えて復活し、たびたび晴明を脅かすような存在でないと、敵役とはいえないのだ。たしかに、映画の道尊は二度にわたって晴明を危機に陥れている。観客をはらはらさせるために、敵役というものはあるのである。

ところが、一七世紀になると事情が違ってくる。道満はヴァージョンアップして晴明の前に立ちはだかるのである。一六二九年成立の、『簠簋内伝』の注釈書である『簠簋抄』では、次のような話が記されている。

晴明と道満とは、帝の言葉により、術比べをすることになる。それは、箱のなかに入っているものを占うというものだった。柑子《こうじ》一六個を入れた箱を、道満は「柑子が一六個」と占って当てるのだが、晴明は、「ねずみが一六匹」と占う。晴明の間違いにはらはらする周囲の目をよそに、箱を開けてみると、ねずみが一六匹飛び出してきた。晴明は箱の内容が柑子であることを知り、術によってそれをねずみに変えてしまったのだった。
道満は術比べに負け、晴明の弟子になることを誓う。だが、その後、晴明が唐に行っている間、晴明の妻・利花《りか》と密通して秘蔵の占いの書である『金烏玉兎集《きんうぎょくとしゅう》』を写し取り、帰朝した晴明の首を斬る。これを知った唐における晴明の師匠である伯道上人《はくどうしょうにん》は日本へやって来て秘法によって晴明を蘇生させ、道満の首を刎《は》ね、晴明を裏切った利花も殺される。

晴明に妻があったことは、『源平盛衰記』に見える、妻が式神の顔を怖がるので戻橋の下に式神を封じおいた、という記事からうかがえるが、『簠簋抄』ではその妻にも名前がつき、敵役と密通し秘書を写させるというダークな役柄を割り振られている。晴明が唐へ渡るという設定や、伯道上人という師匠につく、ということも今まではなかった趣向である。院政期から数百年の時を経て、一七世紀には晴明はさらなる物語化がなされているのである。

この『簠簋抄』では、道満が晴明の首を刎ねるというショッキングな場面があり、読者はおそらくはらはらしながら読み進んだものと推測される。たとえ晴明が不死鳥のように甦るという予定調和が用意されているとわかっていても、ヒーローは、一度は大きな危機に遭わねばならない宿命になっているようである。道満の活躍ぶりが大きなウエートを占めるようになるにつれ、晴明のほうもより主人公にふさわしい変貌を遂げるに至ったのだった。

この後、浅井了意《あさいりょうい》作と伝える仮名草子『安倍晴明物語』が世に出て、晴明の物語化はさらに進み、道満との宿命の対決という設定は人口に膾炙するところとなった。『安倍晴明物語』の内容はほとんどが『簠簋抄』によっており、晴明と道満の術比べも同じ趣向である。ここで道満は、蘆屋村主清太《せいた》の子孫であり、清太が法道仙人から伝授を受けた陰陽道の大事を記した書物を学び、仙人の弟子と名乗っていた。この、道満の祖先である清太という人物がどのような者であったかは、まったくわからないが、少なくとも、蘆屋家が昔から民間で陰陽道を伝える家として描かれていることは確かである。この『安倍晴明物語』でも、晴明は道満を術比べで負かした後、より深い学問をきわめよという帝の命によって唐にわたることとなる。後の筋書きはほぼ同じである（ただし、諏訪春雄氏によると、『簠簋抄』と『安倍晴明物語』では、晴明が狐の子であるということは明確にしておらず、晴明誕生の地も猫島ではなく、和泉国の篠田の里近くというふうに変化をつけているという〈『安倍晴明伝説』ちくま新書、二〇〇〇年〉）。

複雑化する性格

延宝二年（一六七四）成立の浄瑠璃の台本である『信太妻釣狐　付けたり安倍晴明出生』には、登場人物が増えて筋が複雑になるといういかにも近世的な変容があり、道満のほかにその息子の石川悪衛門《いしかわあくえもん》が敵役となって登場することになっている。それに晴明の父（といわれる）安倍保名《あべのやすな》が加わり、安倍家と蘆屋家との二代にわたる確執《かくしつ》の物語が繰り広げられる。この悪衛門は、近代の晴明小説にも影響を与えており、昭和一一年作の原巌《はらいわお》の小説『葛の葉物語』では、道満の兄である治部大輔《じぶたいふ》の家臣でもとは盗賊、という設定で現れる。

江戸以降の小説が、いかに『簠簋抄』や『安倍晴明物語』の影響を受けているかがわかる例だろう。ただし、『葛の葉物語』は、晴明の父・保名と狐の化身である葛の葉という女性の愛を中心とした小説で、道満と闘うのは晴明ではなく保名のほうであり、晴明は童子として登場するにすぎない。

正徳三年（一七一三）に初演された歌舞伎の『信太森女占《しのだもりおんなのうらかた》』でも道満は敵役であり、享保一九年（一七三四）初演の歌舞伎『蘆屋道満大内鑑』に至ると、道満は晴明の父・安倍保名と晴明との二代にわたる敵役とされ、彼がほとんど主役となって話が進んでいる。この歌舞伎台本は、古浄瑠璃の『信太妻』をもとにしている。したがって、ここでも晴明は安倍の童子として顔を出すにすぎず、最後には、「晴明と道満とは陰陽の博士として後世に名を残した」という意味の文言が見えるのみである。

『蘆屋道満大内鑑』は全五段にわたる雄壮な劇であるが、信太の森の狐が化けた美女・葛の葉と保名との愛情生活を主軸として、保名の最初の妻である榊《さかき》の前《まえ》という女性を登場させたりする多様な変奏がいかにも近世の晴明物らしい感じがする。ここでは悪衛門は皇太子后を暗殺するため道満とともに暗躍するという悪役だが、二人の間には血縁関係はない。そして道満は安倍家の重宝である『金烏玉兎集』を保名と童子である晴明に返すことになる。道満は、『安倍晴明物語』のような悪人ではなく、悪から改心して、まだいとけない子どもの晴明を守ることまでするのである。

このように、道満は江戸時代を通じて晴明の敵役として名を馳《は》せたが、現代では完全な極悪人というより、晴明とは別の、いわば副主人公として現れるようである。後でも述べるが、夢枕氏の小説では、道満は直接的に晴明の命を狙うようなことはせず、いっしょに酒を酌み交わしたりする場面もあるくらいだ。岡野氏のマンガでも、道満の名は第四巻で八百比丘尼が再び晴明を訪ねるシーンで、比丘尼の父として現れているだけである。晴明は、このように言う。

父の道満という者も、多分、神仙道や道教に興味を持っていたのだろうな。

映画で道満という従来の敵役を排して架空の道尊なる人物を敵役に置いたのは、もうすでに一八世紀に道満が晴明にとっても「悪人」という殻を脱ぎ捨てていたからだろう。悪役・道満が活躍する時代は、もう過ぎ去ったのだといえる。

3　夢枕獏氏の小説における道満

新たな性格づけ

夢枕氏の『陰陽師』シリーズでは、道満はどのように描かれているのだろうか。本書執筆当時刊行されていたシリーズ五作（長編である『陰陽師　生成り姫』を含めると六作）のうち、道満が蘆屋道満として登場する話はじつに七話にのぼっているが、奇妙なことに、第一作と第二作には、道満の影はまったく見えないのである。このことは、著者が当初は道満を登場させずにシリーズを書き継ぐつもりだったことを意味するのではないだろうか。つまり、夢枕氏もまた、近世の道満の「非悪人」ぶりを知っていたから、あえて晴明の敵役とすることを避けたのであろうと推測する。

ところが、シリーズの回を重ねるにつれて、夢枕氏は道満に新たな衣装を着せて登場させるようになる。それは第三作めの「付喪神《つくもがみ》ノ巻」からである。推測にすぎないが、このころにはシリーズ物のアイデアがなかなか出なくなる時期でもある。「マンネリを恐れない」と豪語する夢枕氏ではあるが、道満を晴明のよきライバルとして描くことで、マンネリを脱するつもりだったのではあるまいか。

シリーズに初めて現れる道満は、「付喪神ノ巻」に収められた「迷神」という短編に次のように描写されている。「迷神」に惑わされた人々が晴明のもとへ相談に来る。それは「鼠牛法師《そぎゅうほうし》」なる人物の手によるものだった。晴明は鼠牛法師の式神である翼のある萱鼠《かやねずみ》に道案内をさせて、彼を訪れるのである。

板の間に、法師姿の男が、寝そべっていた。右肘を板の間につき、右掌に頭を乗せて寝そべったまま、身体の正面を晴明と博雅に向けていた。髪はぼうぼうと伸びたままの蓬髪であり、顔中に不精髭が伸びている。男の前に、酒の入っているらしい瓶子と、欠けた陶椀が置かれていた。酒の匂いも、その部屋にはこもっていた。「来たか、晴明よ」寝そべったまま、男が言った。年齢をいうなら、五十代の半ばといったところであろうか。「お久しぶりですね、道満殿」晴明は、赤い唇にほんのりと微笑を溜めたまま言った。「何だと、晴明、今、何と言った——」博雅が、晴明に声をかけた。「博雅、これにおられるのが、鼠牛法師——蘆屋道満殿だよ——」晴明は言った。

この道満初登場の場面からは、晴明と道満とが旧知の仲であることが知られる。晴明は道満にあくまでも礼を尽くした対応をしており、過去における彼らの間柄が敵対するようなものではなかったことを語っている。これも、道満が「極悪人」でなかった、という夢枕氏の考え方によるものだろう。

そのうえ、道満は播磨国出身の民間陰陽師として晴明を脅かす存在ではなく、とんでもない虚無的《シニカル》な思考の持ち主であり、人から依頼されて呪法を行うのも「銭のため」ではないと突き放す。先の引用の続きから、再度引こう。

「晴明、人の世に関わるにもほどほどにせい、我等が人の世に関わるは、所詮座興よ。どうだ、晴明、ぬしもそうであろうが」また道満はからからと笑った。「座興で、箱の中身をあてたりもする。はずしたりもする。死ぬるまでの時間を、どうおもしろく過ごすか、それだけのことさ。(後略)」

晴明の言葉に、道満はこのように応えている。箱の中身を当てる、というのは、晴明と道満の術比べのことを言っているのであるが、そのころ二人はよきライバルとして術の研鑽に当たっていたのだろう。しかし、ここにいる道満は験力こそ晴明に負けないが、年をとり、定めた宿もない風来坊の雰囲気を宿している。この、飄々《ひょうひょう》として脂の抜けた道満像は、夢枕氏が独自で考案したものである。「善人」でもないが「悪人」でもない。晴明のライバルかと思えば協力したりもする。それが、新たな平成の道満だったのだ。

同じ「付喪神ノ巻」では、「打臥の巫女」でも道満が一連の不思議な出来事の黒幕として現れるが、晴明はいつもそれを見破り、道満の居所を訪ねるのである。しかし、晴明は道満に対して常に敬意をもって接し、やんわりと道満の「きまぐれによる呪術」を制している。

欠かせないバイプレイヤー

道満の登場は、この後「鳳凰ノ巻」に一回、「龍笛ノ巻」に一回、そして二〇〇三年刊の「太極ノ巻」では二回に上っている。そのいずれもが、最初に不思議な出来事が記され、晴明がそれに関わり、最後に道満のところを訪ねて晴明が制する、という「大いなるマンネリ」の構成になっている。そうした話における道満の登場の仕方は、まずその風貌の描写から始まり、晴明が道満であると看破することではじめて道満という名前が読者に知らされることになっている。それまでは、ただの「老人」と称されることが多い。

つまり、道満にとって晴明はその素姓を明かす人物として機能しているのであり、読者は晴明に導かれながら、不思議な出来事の黒幕である「老人」が、かの蘆屋道満であることを知る、ということになっている。かの、といったのは、近世からの伝統により、晴明のライバルは道満である、という刷り込みが読者になされていることを前提としている構成だからである。いや、近世の道満を知らなくても、まるで水戸黄門が印籠《いんろう》を出して身分を明かすように、「今回の出来事もあの道満のやったことだった」という結末をすでに知っている読者は、シリーズにぽつりぽつり姿を現す道満の登場を心待ちにすることだろう。

こうして、道満はシリーズに欠かせないバイプレイヤーとなり、晴明や博雅と酒を酌み交わすまでに至る。また、晴明は道満とひそかな取引をするようにもなっている。「龍笛ノ巻」の「怪蛇」は、藤原《ふじわらの》鴨忠《かもただ》と橘《たちばなの》好古《よしふる》の屋敷で、彼らの体にできた出来物を道満が始末してやるという話だが、その出来物からその人にかけられた呪いが蛇の形となって出てくるのを道満が持ち去るのである。それを知った晴明は、その蛇が東寺の孔雀明王の口と足の下にあった蛇であることを突き止め、道満のいる古屋敷を訪ねる。晴明が持参した孔雀明王像によって蛇は本来の「呪」としての姿を現すが、結局、その二匹の蛇は、晴明と道満とが二人で分け合うことになるのである。その様子を逐一見ていたはずの博雅は、「しかしなあ、晴明、おれにはまだ、何があったのかよくわかっていないのだよ」と呟《つぶや》く鈍感さである。

道満の居所を辞した晴明は、まだ事態が飲み込めていない博雅が晴明の懐にいたさきほどの蛇の一匹に驚くさまを見ながら、このようにこともなげに言い放つのである。

「おれがほしかったのは蛇のかたちをした木ではなく、それに憑いていたものさ。道満殿も、そこは同じだろう。ちょうど、二匹いたのでな、おれと道満殿と、一匹ずつ分けたのだ」

ここまでくると、晴明と道満とはライバルというよりひそかな共犯者であるといってよい。身分は違うが同じ陰陽師という気持ちと、これまで道満の呪力が晴明に拮抗するものだとわかっているがゆえの道満への敬意と気安さが、いうなれば一種の「戦友」意識になっていると思われる。

このような関係では、スペクタクルを旨とするドラマティックな映画に、のほほんとした道満が敵役で出演するわけにはいかないだろう。夢枕氏は映画の製作に関わっているが、映画はそれだけで完結するドラマであり、敵役と晴明との死闘を描くのがメインテーマであるはずだ。したがって、小説の世界と映画とはまったく異なるものとして楽しむべきだろう。

「太極ノ巻」のあとがきで、夢枕氏は小説の構成について、「マンネリをおそれない。そこがうまくいっているようにも思う」と述べているが、善人でも悪人でもない、少々ちゃめっけもある道満が晴明と酒を酌み交わす場面も、この調子だとまだまだ書かれてゆくことだろう。そもそも、この小説のシリーズには確固たる敵役は出てこず、その意味でも道満はシリーズには欠かせない存在となったのだと思われる。

4　その他の敵役

新たな敵

道満が敵役としての位置から限りなくずれていったとき、晴明の新たな敵はいったい誰になったのだろうか。夢枕氏の小説をマンガ化した（もっとも、第一〇巻以降は原作を離れてしまうのだが）岡野玲子氏の『陰陽師』シリーズに目を移してみたい。

このシリーズは、厳密な意味では夢枕氏の小説そのままではなく、たとえば原作には出てこない「真葛」という不思議な少女が晴明の屋敷に寄宿していたり、「黒川主」では最後の場面を岡野氏流の解釈に代えてしまうなど、原作はあくまで岡野氏を晴明の世界に誘うきっかけにすぎなかったと思われる。したがって、マンガの『陰陽師』はもう、夢枕氏の原作とは切り離して考察すべきだろう。
『安倍晴明公』(講談社、二〇〇二年)に収載された座談会は、荒俣宏氏、京極夏彦氏、岡野氏、そして夢枕氏というメンバーで行われたが、そこで夢枕氏は、岡野氏のマンガと映画を見た後は、晴明は映画の野村萬斎氏、博雅はマンガのキャラクターを想定して小説を書いている、と述べている。これは、映像メディアによるフィードバック効果だろう。夢枕氏のこれからのシリーズを読む人は、氏のこの言葉を頭の隅に置いて読むほうがいいかも知れない。

さて、平安時代からの宿敵であるはずの蘆屋道満が、小説ではずいぶん雰囲気を変えており、晴明の敵役にはなっていないことから、岡野氏がこれをマンガ化するに当たっては、ドラマを進行させるうえで欠かせない敵役を新たに創出することが必要だったと思われる。そこで岡野氏は、先にも引用したように、平安京＝怨霊を封じ込めた都市、という図式を提示し、晴明をわずらわせる敵として過去に恨みを飲んで死んでいった者の怨霊を登場させることにしたのである。それが、菅原道真《すがわらのみちざね》と在原元方の娘・祐姫の二人である。

菅原道真の怨霊

道真とは、いうまでもなく現代では「学問の守り神」として親しまれている人物だが、藤原時平《ふじわらのときひら》と大臣職を争って負け、大宰権帥《だざいのごんのそつ》として九州へ左遷された後、当地で憤死したと伝えられるので、時平をはじめ、天皇までもに恨みをかけ、怨霊となる資格は充分だった。彼が九州へ向かったのは、九〇一年。亡くなったのはその二年後である。死後まもなく、都の多治比文子《たじいあやこ》という女性が神懸かりして、文子天神という神を祀った。この小祠が道真の怒りを鎮めるため作られた天神社の元となったとされる。以後、朝廷の力によって現在見るような北野天神社が造られるに至ったのである。

ところが、道真には生前も死後もとくにめだった怨霊としての活動が見られないのである。もちろん、鎌倉時代に入ってから作成された『北野天神縁起』諸本には、道真がおどろおどろしい雷神の姿となって清涼殿を襲う場面が必ず描かれるし、道真に祟られた時平が病気となり、耳から蛇を出している奇怪な様子も必須の画題だった。だが、平安時代、とくに晴明が活躍した時代には、道真の怨霊が出現し人に祟ったという説話や伝承が管見では見られないのである。せいぜい、平安末期の学者である大江匡房が筆記させた『江談抄』に、天皇が左遷をためらうのに強く左遷を推した菅根卿《すがねきょう》の頬を道真が張った、という言談が残っているだけである。

それでも、現代の人々にとって怨霊といえば道真である、という考え方が依然として強くあるようだ。現在の北野天神社には、道真だけでなく、平安京を造営するとき謀反の罪で命を奪われた早良親王など、怨霊を鎮撫《ちんぶ》するための小社が建っている。それら怨霊たちのトップに立つのが道真である、と人々は考えてきたと推測される。

岡野氏は、こうした現代人の心性をとらえて、道真を登場させたのである。本書執筆当時一一巻まで出ていたマンガのはじめのほうには、この道真が二箇所に現れている。一つは第一巻の「安倍晴明　忠行に随いて道を習うこと」で、夜半、下京へ行く賀茂忠行とそのお供をしていた幼いころの晴明が、道真の従える百鬼夜行と出会う場面である。この話は『今昔物語集』巻二十四―16に基づいたものだが、『今昔物語集』にも、夢枕氏の小説にも道真の怨霊は出てこない。隠身の術によって怨霊から姿を見られないようにした陰陽師一行は、時平を引きずりながら「ならばこよいも敦仁（醍醐天皇）をいじめてやろう」と豪語する道真が、土の中から奇怪な百鬼どもを呼び出す様子を逐一見ることになる。

道真は、ここでは天皇を呪う怨霊となっているが、これを晴明が退治するという場面はまったくない。道真が天皇に害を及ぼしたという場面も見えない。思うに、道真は平安京＝怨霊都市という図式に基づいて登場させられた狂言回しの役割を背負っており、晴明が正面切って闘う相手ではないように描かれている。この場面は、百鬼夜行という実体不明、その目的も不明な現象を、怨霊のしわざとして合理的解釈をするために描かれたのである。

高橋克彦氏の『鬼』（角川春樹事務所、一九九六年）に収載された晴明が登場する小説「視鬼」では、晴明が次のようにその「合理化」を語っていることを思い合わせればよかろう。

「今は古き怨霊のせいにするのが一番ぞ。道真公なれば民も諦める。摂政どのとて怨霊の恐ろしさを承知したに違いない（後略）」

このように、晴明の活躍を際だたせるために現れたのが道真であり、それは、一種の解釈装置として存在しているといえよう。

また、再び道真が紙面に登場するのは、第七巻の「菅公、女房歌合わせを賭けて囲碁に敵《あた》らむ」である。有名な天徳の歌合わせの様子を主軸として、真葛と道真が囲碁で争うという横糸をからめた、読み応えある話だ。しかし、ここでも道真と晴明とががっぷり四つに組むという展開にはならず、晴明の屋敷に現れた道真は、彼からすれば小娘の真葛から、「あきれた……おまえ雷神か!? よくもこの屋に落ちたものだ」とからかわれるていたらくである。「おれはおまえなど呼んだ覚えはない！ うちを燃やすな！ 火をお消し！」などと言われておとなしくなる道真には、もうあの百鬼夜行を引き連れて都大路を闊歩《かっぽ》した勇姿はない。

希薄化する「敵性」

岡野氏のマンガにはもう一人、著名な怨霊が描かれる。在原元方の娘・祐姫である。第二巻「鬼のみちゆき」では、内裏に参内する不思議な女車の前に、髪を振り乱した祐姫と元方の怨霊が現れ、鬼どうしの鉢合わせとなるのである。天皇の第一皇子を産みながら、東宮の位を中宮安子《やすこ》の皇子に奪われ、父娘ともども憤死したというのが元方と祐姫とが怨霊になる原因だった。

だが、この祐姫の登場に、姿を隠して見ていた晴明は、「面白いな　祐姫は何しに出て来たのだろう……」と博雅につぶやき、「なんだかうれしそうだな」と突っ込まれている。祐姫は第三巻でも、天皇や安子を呪詛するために「丑《うし》の刻詣《ときまい》り」のような行為をするのだが、それとて晴明によって退治されることはなく、これ以降のシリーズには姿を現さないようになってゆく。

このように、平安時代の名だたる怨霊二人は、晴明の敵役ではなく、最後はどうなったかわからないまま話は進んでいくのである。道満の場合と同じように、この二人もまた、怨霊という毒気を希薄にしたまま、ついに晴明の真の敵にはならなかった。最近の岡野氏のマンガは、晴明と敵役の死闘を描くというよりも、晴明が自身の内側へ限りなく入り込んでいく、というふうに変わってきており、このままでは晴明が自己崩壊する道をたどるような成り行きを示してもいる。その意味では、晴明の敵とは晴明自身の内面である、という非常に哲学的な命題が提示されているといえよう。

現代を映す複雑な内面

小説でもマンガでも、純然たる敵役というものはいないようだが、岡野氏より少し早く晴明をマンガ化した岩崎陽子氏の『王都妖奇譚』（秋田書店、一九九一年）は、史実や説話にほとんど題材を求めないフィクションである。ここには、唯一毒気のある敵役が描かれている。

博雅のような実在の人物ではない藤原将之が晴明のワトソン役となり、都の存続を脅かすものたちと二人が団結して闘う、という、派手なアクション劇のマンガだが、やはりそのようなあらすじでは、常に晴明と対決する敵役が絶対必要になってくる。岩崎氏はそれを、晴明の兄弟子《あにでし》で今は晴明と敵対する橘影連《たちばなのかげつら》という人物として造形している。

盲目らしいこの影連は、橘という姓が示すように、平安時代中期には政権の座から滑り落ちていた橘氏の末裔である。彼はひさびさに晴明と会ったとき、晴明が「それほどまでにこの都を憎んでおいでか……」と問うたのに対し、次のように言うのである。

「肉親の恨みが祖先の怨念に火をつけた……かつて朝廷に滅ぼされ闇に葬られた祖先の怨念が命ずるのだ／王都を滅ぼせ……とな」

第二巻で晴明と再会した影連は、また同じようなことを口にするが、晴明は、「だからといって……腹いせに滅ぼされてはたまりませんよ／私の力のおよぶ限り阻止いたします」と、断固として闘う意志を表明している。橘氏と同じように政権から抜け落ちた安倍氏の子孫である晴明にとって、ともに修行したであろう兄弟子を敵に廻すのは辛《つら》いことかも知れない。そうした晴明の「弱さ」や「迷い」が、単純な勧善懲悪劇になってしまうことから救っている。

このように見てくると、現代のメディアに登場している晴明には、確固とした敵役はいないといってよいだろう。晴明は、院政期の説話のように単なる呪力にぬきんでた陰陽師としてではなく、さらに複雑な内面を持つ存在とされている。それが現代における晴明像であり、作品の魅力ともなっているようだ。

晴明が闘うのは、都を守るためだけではなく、常に自分の内面と闘っていることを意味する。なぜ晴明は都の守護とならなければならなかったのか。この問いの答えは、晴明自身の内側にあったのである。

第七章　近代・現代文学における晴明イメージの変転

1　江戸時代のくびきを離れて

この章では、今までも少しずつは触れてきた近代・現代文学に描かれた晴明の姿について、まとめて見ていきたいと思う。

明治の講談本

近代・現代文学と一口に言っても、明治と平成ではずいぶん異なっているはずである。とくに明治時代の晴明物は、小説はほとんど見られず、講談師の講釈の速記本として残っているものがほとんどである。『安倍晴明　陰陽師　伝奇文学集成』（勉誠出版、二〇〇一年）というタイトルで大正から平成までの晴明、あるいは晴明の子孫が活躍する小説や戯曲を編纂した志村有弘氏の調査によると、戯曲ではわずかに河竹黙阿弥《かわたけもくあみ》の「茨木《いばらき》」（明治一六年、新富座初演）があるだけで、明治時代はおもに講談によって晴明の名が一般の人々に知られるようになったのである。

この講釈の速記本は、晴明を主人公として展開する「神道講釈」と呼ばれるものである。現代の講談師である旭堂小南陵氏がこの類を多く収集されていると仄聞《そくぶん》するが、拝読の機会を得ることはなかった。夢枕獏氏は小南陵氏と懇意の由で、かなりの数の講釈本を読んだようである。それが、『平成講釈　安倍晴明伝』（中央公論社、一九九八年）に結実している。

夢枕氏の「もう一つの安倍晴明物」である本書は、三冊の講釈本を「ネタ本」（夢枕氏の言）としている。それは次のようなものである。

桃川実講演、今村次郎速記『安倍晴明』（明治三三年刊）
玉田玉麟講演、山田都一郎速記『講談　安倍晴明』（大正三年刊）
玉田玉秀斎講演、山田酔神速記『大江山鬼賊退治　蘆屋道満』（刊行年不明）

これらは俗に「速記本」と呼ばれるが、講談の実演に即して速記をしたものである。その説明を、夢枕氏の前出著書から引いておくと、

速記本というのは、舞台や高座で演じられた講談、落語等の内容を、そのまま文章にして本にしたものでございます。講談のものについては講談本とも呼ばれております。すでに江戸時代から、講談の種本が〝実録本〟として貸本屋で流通したりしておりましたが、今日我々が速記本と呼ぶものが誕生したのは、明治に入ってからでござ

います。

ということになる。ちなみに、速記本の嚆矢《こうし》はかの三遊亭円朝《さんゆうていえんちょう》の『怪談牡丹灯籠《ぼたんどうろう》』である。円朝の口調そのままの速記本は、現代でも明治の口語を研究する国語学者が注目している。これが一般の人々に大当たりして、一気に速記本が売れ始めたが、原則的に「読み捨て」感覚の本なので、今無事に残っているものが少ないのが現状である。したがって、明治時代に晴明が出てくる講談がどのくらいあったのかは明らかでない。

夢枕氏が「ネタ本」に使った三冊のほか、志村氏の調べでは、

金鯱主人口述『講談大江山実説』上下（新愛知講談付録、明治四四年）

があるようだが、私は残念ながら速記本は全部に目を通したことはない。しかし、二〇〇三年九月から開催された大阪人権博物館の特別展示には、旭堂小南陵氏所蔵の講談本が数冊出展されていた。夢枕氏の「ネタ本」になったと思しいもののほかには、次のような本がある（いずれも講釈師の名や出版年は不明）。

『大江山鬼退治蘆屋道満』
『長編講談陰陽奇談安倍晴明』

なお、小南陵氏は昔の少年の心をときめかした『立川文庫　天文博士安倍晴明』もそのコレクションに加えている。

講談本はいずれも安倍晴明の事跡を面白おかしく語るもので、まずは安倍家の由来から始まり、江戸時代の小説や歌舞伎のエピソードを盛り込みながら晴明と道満との闘いに及ぶ、という内容であったようである。しかしなにぶん、「講釈師、見てきたようなウソを言い」ということわざがあるように、講談の中身は聴衆の反応を見ながら、面白くなさそうであれば刺激的な内容を語る、といったふうであったろうから、登場人物が増え、筋書きもかなり複雑で多岐にわたっていたようである。明治の講談師の口調をまねて語られる夢枕氏の『平成講釈　安倍晴明伝』でも、時代を超えた余談がそこここに散見され、明治の講談もかくや、と思わせる。

谷崎潤一郎の「晴明物」

明治の速記本ブームがどのくらい続いたのかはわからないが、大正時代になるとまったくその影を潜めてしまう。講談という芸能じたいの衰退も影響したのかも知れない。大正時代は、晴明の出てくる小説や戯曲は志村氏の編著書に入っているのもただ一作、谷崎《たにざき》潤一郎《じゆんいちろう》の『鶯姫《うぐいすひめ》』（大正六年）だけであり、私のつたない調査でもほかに見出すことはできなかった。晴明物が一時なりを潜めた時期だったのか、それとも私のリサーチ不足なのかははっきりわからない（国立国会図書館デジタルコレクションが公開された現在では、おそらく多数の資料が検出されると思われる）。

『鶯姫』は一幕五場の戯曲であり、女学校の国文教師である大伴老人が、うたたねの最中に鬼によって平安時代へつれて行かれ、晴明の鬼退治を目のあたりにするというものである。表題の『鶯姫』とは、赤鬼にさらわれた高貴な姫であり、晴明はそれを救う役割で登場する。しかし、戯曲の前半は、女学生が遊ぶさまを見ている大伴老人と、鶯をつかまえて持ってくる女学生との会話が主体となっており、後半の平安時代の場面でも晴明はなかなか登場してこない。鶯姫の父である壬生大臣《みぶのだいじん》の館へ赤鬼が入り込んだ様子を見て大臣のところへ見参するのが、晴明が初めて登場する場面である（念のためだが、谷崎は晴明を「阿部晴明」と表記している）。

壬生大臣「晴明が参つたとな。はて何事であらう」

阿部晴明「何事とは迂《う》闊先晩《かつせんばん》、某《それがし》只今御門前を過ぎたるところ、一匹の赤鬼が、此のお邸へたしかに忍び入つたるけはひ、捨てて置いては一大事でござりまするぞ！」

ここで壬生大臣は娘の鶩姫が鬼に拐《かどわ》かされたことを知り、がく然とするが、晴明は、

「されば某按ずるに、はや姫君は此の辺にはおはしませぬ。鬼に淩《さら》われて、東の空を高う高う翔《かけ》つて、今しもちやうど東寺の塔の頂辺に、引き据ゑられて居られまする」

と答え、姫を助けてくれたら丹波の荘園を進ずるという大臣の言に、にわかに呪文を唱え始める……と、これだけの「出演」に過ぎないのである。

結局晴明は狂言まわしの役割を務めただけであり、谷崎が描きたかったのは、とらえられた鶩の横でうたたねしていた大伴老人の「春の昼の夢」だったのだと思われる。谷崎が、「安倍」を「阿部」と間違えて表記している理由は不明だが、この時代、晴明に対する関心が薄かったのかも知れないと憶測する。明治の講談本の活気あふれる晴明の活躍は、大

正時代には歓迎されるものではなかったようだ。推測にすぎないが、「大正ロマン」などと後世には称されるように、モダンで先進的な文化が、いうなれば古くさい明治の晴明物を受け入れなかったのかも知れない。

2　昭和の晴明小説

少女小説とバイオレンス小説

昭和になって、晴明小説はいくつか書かれたものの、明治時代の講談のような人気を博することはなかったようである。しかも戦争という悲劇をはさんでいるので、昭和という時代では、明治時代にいったん娯楽の枠に入ってしまった晴明物を聞く人、読む人はあまりなかったと思われる。戦時には国威発揚のための文芸しか発表の場がなかったからだ。手に汗握る晴明の活躍に人々が心躍らせる、というような場面はありようがなかった。

したがって、晴明物が復活するのは戦後のことである。もちろん。昭和一一年八月には原巌の『葛の葉物語』という少女向けの中編が『少女倶楽部』に掲載されており（志村氏前掲書による）、戦前にまったくなかったわけではないが、大人向けの小説が生み出されるのはやはり戦後のことだった。

ただ、この原氏の『葛の葉物語』は、安倍保名と狐との愛情を描いたいわゆる「葛の葉伝説」に依拠しており、晴明は「尾花丸」という童名で後半に少し登場するだけであり、厳密にいえば晴明物というわけではない。「ですます」調で書かれた文体は優しく、いかにも少女雑誌用という感じがする。そこに、石川悪右衛門などの江戸時代の小説や浄瑠璃の登場人物を配し、保名と葛の葉の愛、生まれた尾花丸と葛の葉との別れのシーンがハイライトとなっている。ちなみにこの小説では、蘆屋道満は保名とともに並び立つ陰陽師とされ、敵役ではなく心根の優しい人物とされているが、これも少女小説ならではの設定だろう。

「葛の葉伝説」は、第三章でも述べたように、日本人の心性に訴えかける要素が多かったようで、繰り返し文芸として復活を遂げている。細部は異なるし、登場人物も大幅に増えてはいくが、正体を見現された葛の葉が障子に歌を書き付けて幼い晴明のもとを去って行く場面がいちばんの見どころ、泣かせどころとなっているのは間違いない。このモチーフは、昭和まで生き残っていったのである。

その「葛の葉伝説」をもとにして大人向けのエロスとバイオレンスを加えた小説も書かれている。昭和三二年の藤口透吾の『艶筆　葛の葉物語』である。エロスとバイオレンスとはいえ、昨今のような激烈さはないが、それまで「母子の別れ」というロマンティックで悲しい物語に接してきた人々にとって、この小説はかなりショッキングな内容になっている。むろん、時代の様相も影響したのだろう。昭和三二年といえば戦争の傷も表面上ではあるが癒え、景気が向上して人々の生活にやや潤いが生まれた時代である。だから、小説にも娯楽性が求められたのだろう。

『艶筆　葛の葉物語』は、志村氏によると「艶筆文庫」の一冊として文芸評論社から出版されたものである。ここでは道満は登場せず、代わりの悪役として石川悪右衛門が非道の限りを尽くしている。狐狩りに来ていた悪右衛門と狐を助けた保名とが戦い、傷ついた保名は葛の葉という娘（じつは狐の化身）に救われ夫婦となり、子までなす。しかし、悪右衛門は保名の留守宅を襲い、本妻の楓を拉致《らち》し力ずくで犯してしまい、自邸に連れ帰り愛人としてしまうのである。悪右衛門は後半では葛の葉をも犯し、我が身を恥じた葛の葉は保名のもとを去ろうとするが、夫の愛情によって留まる。

この小説は悪右衛門が保名にとって大切な女性二人や、そのほかの女性登場人物を強姦するという悪行を重ねるが、さすがに「艶筆」という題名の通り、その折りの描写は微に入っている。その記述は露骨であり、当時の人々にとっては刺激的でなお好奇心がそそられるものだったと推測する。しかし、エロスとバイオレンスでは現代の谷恒生氏の小説のほうがはるかに勝っており、それに比べればおとなしいものといえる。

小松左京のSF小説

「葛の葉伝説」に取材した小説としてはずせないのは、昭和四三年の小松左京氏の『女狐』である。これは現代の物語と、「葛の葉伝説」とが混在するという構成になっている。保名の役割を負うのは学者の卵の安倍康郎で、森林でフィールドワーク中、やはり学問を志す女性・樟原葉子と出会う。二人は恋に落ちるが、葉子が結婚したがらないので康郎は主任教授に相談に行く。そこで彼の話を聞いた教授は、二人の名前にヒントを得て、「葛の葉伝説」を思い出すのである。人々の「歴史記憶」を呼び覚ますため、康郎はインドの秘薬によって記憶を過去にさかのぼらせると、そこには狐を引き連れて山を渡り歩く異族の娘・樟葉（小説ではこう表記される）と保名との恋があった、という小説である。

名前の類似によって「歴史記憶」が甦るという趣向は小松氏のお手の物であり、いささかマンネリをまぬがれないが、独特の筆致で「読ませる」短編となっている。結局、葉子は子どもを一人生んだ後、中南米へ出かけたまま帰らなくなるが、康郎は残された男の子に「晴明」という名を付けるのである。小松氏は周知の通りSF作家であり、昭和四三年ころは脂ののった時期だった。次々と生み出される小説には、現代で読んでもまったく違和感のないものが多い。この小説もそうしたものの一つであるが、ワンアイデアで書かれたものだけに、晴明や「葛の葉伝説」を知悉《ちしつ》している読者にとってはやや物足りないかも知れない。

それを小松氏も察知していたのか、二〇〇二年には、高橋桐矢氏の協力を得て、『女狐』を長編にふくらませた『安倍晴明　天人相関の巻』（二見書房）を出版している。ここでも樟葉は異族の娘とされており、狐の化身としなかった点は、合理性を尊ぶSF作家の特質をよく現しているといえよう。

三島由紀夫による新たな晴明物

さて、晴明物といえば、以上のような「葛の葉伝説」がもっぱら好まれ、晴明というより父の保名に焦点が当たっていたが、昭和二五年には、晴明が主人公となる別系統の小説が世に出ることになる。三島由紀夫の『花山院』がそれである。早熟で博学の三島であれば、どこかで晴明の説話を読んだのだろう。げんに、この小説は、平安末期の『大鏡』の花山天皇の出家譚をもとにして作られている。三島は古典に親しむことが多く、『浜松中《はままつちゅう》納《な》言物語《ごんものがたり》』にヒントを得て『豊饒《ほうじょう》の海《うみ》』を書き上げたが、彼であれば『今昔物語集』なども入手して目を通していたのではなかろうか。この小説には「葛の葉伝説」はかけらも出てこない。晴明が成人した後の出来事がテーマとなっている。

江戸以降、晴明物といえば「葛の葉伝説」が持ち出されてきた歴史を振り返ると、三島のこの小説は、純粋に晴明の事跡を描くことに徹した小説の嚆矢といえよう。ここには道満も悪右衛門も出てはこない。三島は幼少期から『大鏡』の花山天皇出家譚を愛読味読したといい、彼が、語弊があるが手垢にまみれた「葛の葉伝説」にあえて依《よ》らず、晴明を主軸に置いた小説を書いたのは、晴明物の一つの転換期となっている。谷崎とは異なり、三島にとって「母恋」はテーマになるはずがなかったからである。これによって、三島は新たな晴明物の先鞭をつけたのだった。

花山天皇が、最愛の弘徽殿《こきでん》の女御《にょうご》を亡くして悲しみのあまり病にふせっているのを晴明は危惧し、占いを行う。

彼は星宿を占つた。天子の星はやがて異変にあふべきことを語つてゐた。
「この星を克《こく》してゐるのは弘徽殿の女御だ。今は世にない弘徽殿の女御の霊だ」

このような場面は『大鏡』にはなく、花山天皇の病の原因を「霊」としたのは三島の創作である。だが、この後女御の霊が出現するというような成り行きはなく、晴明に、

一年このかた帝の御不例といはれてゐるものが、実は純粋な心の病であることをお察

しした。

と言わせているのを読むと、霊を恐れる平安人とは異なる近代人としての三島の合理的解釈であることがわかる。

『大鏡』では、晴明の出番はごく少ない。花山天皇が藤原道兼《ふじわらのみちかね》に付き添われて出家のため寺へ急ぐさまを見た晴明が、式神に様子を見てくるようにと告げるシーンだけである。しかし、その背後に晴明が以前から花山天皇の病を気にかけていたことを見取った三島は、晴明の視点から花山天皇の出家事件を書きつづるのである。晴明自身が視点人物となる小説はいかにも近代小説らしく、三島の筆も冴えている。『花山院』は三島の小説の中ではさほど注目を集めた形跡はないのだが、三島自身はおそらく気に入っていたと思われるし、近代における新たな晴明像を浮き彫りにした小説として評価されるべきだと思う。

澁澤龍彥の迷宮的コント

三島から約二〇年後、昭和最後の晴明小説である澁澤龍彥の『三つの髑髏』（昭和五四年）が書かれることになる。オカルティズム好みの澁澤らしく、この小説は次のように始まっている。

平安中期の名声ならびなき陰陽博士として、貴族社会に隠然たるオカルティストの力をふるっていたばかりか、すすんで摂関家の権力にも近づいていたらしい安倍晴明は、じつは当時の秘密警察の長官のような役割をはたしていた人物ではなかったろうか、という意見があるそうだ。

この「意見」が晴明についての研究者のものであるだろうことは暗に知られるが、澁澤はこれについては別の意見を持っていたらしい。澁澤は晴明をあくまでオカルティストとしてとらえたいという欲望を小説内でも次のように表明している。

ことさらに神秘めかそうというつもりはないにせよ、やはり晴明は政治の世界からは超然とした、学問と魔術にのみ専念する、闇の領分の支配者であってほしいという気持が私にあるからであろう。

もちろん、陰陽道が「魔術」でもなんでもなく、むしろ「技術」として認識すべきであるということは昨今の研究で明らかにされてはいるが、澁澤の奔放なイマジネーション世界では研究者の意見などは関わりのないものであったようである。澁澤はこの小説で、いつものスタイルともいえるエッセイとフィクションの二つのジャンルの融合を計った。エッセイのように始まってはいるが、読み進めていくうちに読者が澁澤の物語世界に引きずりこまれてしまうのは、『三つの髑髏』が、エッセイで物語をサンドイッチしたような構成をとっているからである。

ここに登場するのは、頭痛に悩まされる花山院とそれを占う晴明のみである。花山院の頭痛という設定は、『古事談』第一によるが、院の頭痛といえば京都の三十三間堂の棟木の由来に出てくる後白河院の病を思い出す。これは、後白河院の前生の髑髏が柳の木に貫かれているので院は頭痛に悩む、というものである。『三つの髑髏』でも、この由来譚と同じようなことが、晴明の占いによって明かされることになっている。

占いに召された晴明は、すでに晩年に入っている。晴明の姿については次節で詳しく述べるが、こうした高齢の晴明は現代の晴明小説がこぞって青年期を描くのとは対照的である。澁澤以前の晴明物の文芸では、晴明は「安倍の童子」という子どもとして登場することがほとんどだった。澁澤が老齢の、いや、小説によると年齢不詳の晴明像を描いたのは、新たな晴明像として記憶されるべきだろう。

小説の内容は、花山院の頭痛が前生、前々生、前々々生そして前々々々生の髑髏によって引き起こされる経過を描いている。そのたびに見つけだしてきた髑髏は、三つにもなった。この小説は読者がカタルシスを得るような終わり方をしていない。一つ髑髏を見つけるたびに、また院の頭痛はひどくなり、晴明が占いをする。前々々生の髑髏の話になると、院はすでに「時間」という大きな螺旋《らせん》の中に放り出されて意識さえも遠のいていくのである。

もう自分がなにを聞いているのかも、どこにいるのかも、しかとは分からなくなっていた。気が遠くなって、自分の身体が無辺の空間にただよい出したように思われた。

閻魔大王から宝印を授る晴明
（室町～江戸時代）
（『安倍晴明蘇生図』真正極楽寺蔵）

花山院の意識は、「時間」を区切りながら生きていく通常の人間の域を超えてしまい、ついには七歳の童子にまで返ってしまうのである。この小説は澁澤の博学ぶりや、髑髏嗜好が横溢《おういつ》するいかにも澁澤らしい出来映えになっているが、花山院の最後の意識の遠のきを読んだ読者は、「時間」というものじたいがこの小説の大きなテーマとなっていることに気づくだろう。花山院が心の内で旅する前生、前々生……。それは、「時間」という海を漂うことに他ならないのである。

再び活劇のヒーローへ

三島や澁澤の描く晴明小説は晴明物に新たな光を与えたものであるが、残念ながらそれは平成の世に受け継がれることはなかった。平成三年に書かれた高橋克彦氏の「視鬼」は、登場人物を増やし作者の創作が充分に味わえるような小説になっており、再び晴明は怨霊退治に駆りだされることになったのである。その後、第一章で述べた荒俣宏氏の『帝都物語』によって晴明の位置はより明確になった。平安京の闇を斬るスーパースターとしての晴明である。三島や澁澤の小説にあるような晴明自身の心のたゆたいは捨象され、ゆるぎないヒーローとして再び活劇の中に現れるようになったのだ。夢枕獏氏も、谷恒生氏も、加門七海氏も、富樫倫太郎氏も、そして晴明の子孫と見なされるような京極堂を作り上げた京極夏彦氏も、晴明の弱さや欠点を書こうとはしていない。また、冒険活劇まがいのマンガやテレビ、映画という新しい媒体も生まれた。

今、平成の世に晴明を登場させる小説やマンガは枚挙に暇《いとま》がない。それらの晴明は、すでに古典や歴史資料のくびきを離れた平成の晴明像である。作家が独自に作り上げたというより、読者の期待の地平がそこに大きく影響を及ぼしているのは想像にかたくない。晴明の姿は、今でも刻一刻と変化していっているのである。では、最後に、平成の晴明像を中心に、晴明がなぜいつも白皙の美青年として描かれるのか、という疑問について述べておこうと思う。

3　美貌の貴公子？

現代の創作

映画『陰陽師』で晴明を演じたのは、すずやかな美貌で知られる狂言界のプリンス、野村萬斎氏だった。ほの白い顔、切れ長の目、まるで平安時代の貴公子が現代に現れたかのようで、ファンの心はたちまちのうちに魅了されたようだ。いつもいっしょに行動する博雅が「濃い顔」の伊藤英明なので、晴明の美貌はより引き立った。

このキャスティングは、原作者の夢枕氏じきじきのお申し出だったと聞く。なぜなら、夢枕氏は第一作の『陰陽師』において、晴明の風貌を次のように描写しているからである。

ここから先は想像になるが、この安倍晴明という男、宮仕えをしていながら、どこかいいかげんで、かなり下世話のことにも通じていたのではないか。長身で、色白く、眼元の涼しい秀麗な美男子であったろう。雅ななりをしてそぞろ歩けば、宮中の女共がそれを眺めて噂しあったことだろう。

また、別の箇所でも晴明の容貌に触れている。源博雅との対比をする場面である。

このふたり、あまり歳はかわらない。外見は晴明の方が若く見える。若いだけではなく、貌《かお》だちも整っている。鼻筋が通っていて、唇などは、薄く紅を含んだように赤い。

ここまで書かれたら、読者には晴明のイメージが明確にインプットされたことだろう。夢枕氏も「想像になるが」と断っているのだが、こうした白皙の美青年という晴明像を大衆に植え付けた影響力は大きいといわなければならない。

夢枕氏以前の晴明小説には、童子姿の晴明か、歴史事実の通り老年になって活躍したときの晴明しか描かれることがなかった。小説『陰陽師』では、それをひっくり返し、晴明の年若いころの活躍ぶりを描くというスタンスをとっているのである。しかし、だからといって晴明がこのような美形であるとは誰も書き残していないので、このイメージはあくまで夢枕氏の「想像」であることを認識しておく必要があるだろう。

安倍晴明の木像（江戸時代）
（安倍文殊院蔵）

異貌の晴明

では、夢枕氏以前の晴明の風貌はどのようなものだったのだろうか。今まで近代・現代の文芸の晴明について述べてきたが、晴明の容貌を明らかに記すものは意外に少ないのである。明治の講談本では、夢枕氏が『平成講釈　安倍晴明伝』で「ネタ本」に用いた桃川実講演の『安倍晴明』の描く晴明像を紹介しているのでわかるのだが、これが白皙の美青年とはまったく異なったものなのである。

> すると其の子供が尋常の者でございません。生れながらにして歯を二枚生じ、頭の毛が真赤で顔が大きうございます。

安倍晴明像（江戸時代）
（安倍文殊院蔵）

これは民俗学でいう「異常出生」の子どもの姿に酷似している。もっとも有名なのは、あの大江山の酒呑童子《しゅてんどうじ》の出生である。酒呑童子も生まれながらに歯が生え、髪赤く、大きな子どもだった。晴明がそれと似たような姿の子どもとしてとらえられたのは、彼が狐と人間とのミックスという「異常」な生まれとされたからだろう。桃川版講談本では、晴明は幼少のころから学問には見向きもせず、野山を駆けめぐって遊んでばかりいる、と語られている。
これに対して夢枕氏は、

　赤毛の悪ガキとなればこれはユニークであり、そこそこはインパクトもあります。しかし、すでにできあがっている文化としての安倍晴明のキャラクターがございます。そちらは、むろん、ハンサム、インテリ、少し冷たいところもあるが優しく強い晴明であります。

と述べているが、氏のいう「文化としてできあがっている晴明」とはまさに氏が「想像」によって作り出したものなのだから、それを「文化」と言うのはいささか大げさな感がなくもない。美形の晴明は、あくまでも夢枕氏の解釈にすぎないのであるから。

超越性

講談本は異常出生を強調するための誇張された表現であるが、講談本以後、夢枕氏以前の昭和の晴明文芸では、また違った晴明像が描かれている。それは、晴明がもっとも多く、かつ重要な活動をした六〇歳以降の姿である。史実に従うなら、この姿のほうが、通常の晴明像として流通していたはずである。たとえば、三島由紀夫の『花山院』では次のような晴明の姿が描かれている。

晴明の年齢を知る者は少なかつた。見方によつては大そう年寄にも見え、見方によつては壮者とも見えた。鬢髪は白く、頬は皺畳《しわたた》んでゐたが、何ものをも見透かす霊眼は、春の海のやうな温和な潤みをも湛へてゐた。慈眼といふには冷たく、冷眼といふには汎《ひろ》かつた。

髪に白いものが交じるというのだから、年齢的には中年以後を想定して書かれている。だが、年齢不詳という点は夢枕氏作る晴明像と重なり合うかも知れない。
また、澁澤龍彦の『三つの髑髏』の晴明はさらに魔術師的になっている。

晴明は延喜二十一年の出生と推定されているから、このころ、すでに七十数歳の老齢だったはずである。しかし一見したところ、彼には年齢がないかのようである。三十代の壮年からそのまま七十代の老年に移行したようで、頭髪はすっかり白くなっているものの、顔の皮膚には皺がなく、陶器のように妙な光沢《つや》さえあった。目にはあやしいまでに光があった。とりわけ、その発する声は若々しいソプラノで、年齢どころか性までも、彼においてはすでに分明ならざるものになっているかのごとくであった。

ここでもやはり、晴明の年齢不詳さということが要点となっている。通常の人間とは異なって、晴明の姿は時間を超越することのできる不可思議な人物として想像されたのである。それは、昭和に至るまでに蓄積された説話や物語、劇、などの超人ぶりと深くかかわっていると思われる。つまり、文芸の世界において、晴明は年齢などといった世俗的なものの規制の網からするりと抜け出した人物として描かれるという共通項があるのだ。

夢枕氏の創作した晴明像の原点は、こうした晴明の超越性にあると思われる。たとえ若く見えても、ほんとうは博雅よりもずっと年をとっている、という背景があるのだとすれば納得できようか。実際、『陰陽師』シリーズの中の「八百比丘尼」では、体の中の悪しきものを祓ってもらいに三〇年ぶりに晴明のところへ訪れた八百比丘尼が、三〇年前から晴明の姿は変わらないといった文言を漏らしている。

メディアミックスとしての「晴明現象」

夢枕氏の描く晴明像は、その後の晴明小説、晴明マンガに多大な影響を及ぼしていった。

その究極が、晴明の美形さをヴィジュアルで見せた岡野玲子氏の仕事である。もちろん、晴明のワトソン役の博雅も「濃い顔」に描かれるようになる。この岡野氏のマンガは全国の晴明ファンに晴明の美形ぶりをしっかりと根付かせる効果があった。前章でもふれた岡野氏らを呼んだ座談会、「今よみがえる陰陽師　安倍晴明」（『安倍晴明公』講談社、二〇〇二年）では、夢枕氏は、岡野氏のマンガから逆に影響を受けていることを告白している。

ぼくは今、小説を書くときは岡野さんの絵なんです、博雅は（笑）。晴明は、映画を観てからは野村萬斎さんなんですね。

このように、小説が先行しながら、後発のマンガや映画といったヴィジュアルが小説にフィードバックされるのは希有な例ではなかろうか。まさに、現代の「晴明現象」は、すべてのメディアがからみあって成立していることが明らかである。今、巷にあふれている晴明本、たとえば『安倍晴明読本』などといったものの表紙には、老年の晴明などは一切描かれていない。どれもこれも、岡野氏の描く晴明を真似したとしか思えない若い晴明である。

多様化してゆく容貌

夢枕氏の晴明像は、その後二つの「現象」を引き起こした。つまり、晴明を若い白皙の美青年と描くのか、それともそれに反旗を翻して新たな晴明像を描くのか、ということである。前者は、もっとも長い晴明小説を書き継いでいる谷恒生氏である。晴明が初めて道長と出会う場面では、美形の晴明の様子が次のように描写されている。

おもながな顔は神秘的なまでに優婉で、情趣をたたえ、少女のように繊細だった。目鼻の冴えは、女にも勝ってみずみずしい。けれども、薄い唇は意志の力をあらわすかのようにきりっとひきしまっている。

この表現に夢枕・岡野氏の影響を認めるのはたやすいことである。しかし、谷氏の晴明像は、夢枕氏特有のちょっと不可思議な雰囲気を欠いているように見え、表面上の類似にとどまっている。邪推かも知れないが、晴明を書くなら「はやりの晴明」にしたほうが売れる、という経済効果ねらいだろう。晴明は若くて美形である、という、おもに女性読者に浸透したイメージを壊すことを、谷氏は恐れたのだと推測する。

それとは反対に、美形の晴明像を打ち壊して自分なりの晴明像を描き出したのは、『陰陽寮』シリーズの富樫倫太郎氏である。第七巻が出て、まだまだ続くかに見える富樫氏の長大なシリーズでは（二〇〇五年、全十巻で完結）、晴明は老年の姿で描かれるが、その風体は非常に奇妙なものなのである。

一人は異様な風体をしている。顔を、今でいう包帯のような細長い布で幾重にも巻き、目と鼻と口だけがのぞいている。（中略）このような格好をしているのは、晴明自身の説明によれば、「重い病に冒され、顔が崩れてしまったのでございまする。お恥ずかしくて、とても人前にこの顔をさらすことができませぬ」

晴明は、もう二〇年も前からこの格好で顔を隠していると文中で述べられている。これを読んだ一部の人は、中世から近世にかけて差別の対象となったハンセン病の患者の姿を思い起こすかも知れない。もしかして若いころには美しかった顔が、当時は「業病《ごうびょう》」として忌避されていた病によって崩れてゆく。これは晴明ファンにとっては戦慄すべきことだろう。

しかし、包帯らしきものを巻く晴明が病であるというのは晴明自身の言にすぎず、真実か否かは不明である。とすれば、想像をたくましくするに、晴明は二〇年前から年をとらず、七四歳の現在まで壮年期と同じ顔をしているので、それを不審に思われないため顔を隠しているのだ、と読むことも可能である。いずれにしても、富樫氏は晴明に「顔を隠さねばならない」という一つのスティグマを与えているのである。この設定が晴明の超人性を物語るものであることは明らかだろう。

永遠に変貌を続ける「現象」

現代における晴明像は、作家ごとに異なるイメージで描かれている。しかし、共通するのは、晴明がなかなかその正体を現さない、という点である。年齢不詳とされるのもその一つであろう。晴明の風貌が岡野氏や映画によってある程度の定着をみたとしても、それで晴明のほんとうの姿がわかるはずはない。この多様な晴明像は、いずれも晴明の表面をなぞっているだけかも知れないのだ。晴明の「真の姿」がいかなるものか、それは誰がどのような媒体を用いてもつかみきれないものではなかろうか。

いくら数多くのメディアに登場しても、晴明は主人公というには物事を突き放して見すぎる態度が目につく。明らかに物語は晴明を主軸に据えているようでいて、晴明の視点は遭遇する物事を透徹していくのである。じつに不思議な主人公だ。考えれば、晴明の「真の姿」などは、ほんとうはないのかも知れない。そのため、夢枕氏の小説は「大いなるマンネリ」として進んで行くし、岡野氏のマンガは原作を離れ、晴明の内面に踏み込もうとしている。このような現代の「晴明現象」にもっとも苦笑しているのは、あの世の晴明だけなのではなかろうか。

平安の「闇」の世界から現代によみがえった晴明――。これから先、「晴明現象」がどのくらい続くのかわからないが、晴明という一人の男は、時代時代によって異なる形に姿を変えながら私たちの心のうちに生き続けるのだろう。

エピローグ

「せいめい」を飲みながら

週末の黄昏時《たそがれ》——。私は京都ブライトンホテルのバーの、重厚なカウンターの上に肘をついている。さっきから少しずつ飲んでいるのは、このバーの名物カクテル、「せいめい」だ。ここは、安倍晴明の屋敷跡と少し重なっているという説があるうえ、戻橋《もどりばし》や晴明神社にも徒歩圏内なので、このような名前のカクテルが創案されたという。もちろん、夢枕獏氏の小説で晴明の相方《あいかた》をつとめる源博雅をイメージした「ひろまさ」もある。

「せいめい」は陰陽思想の故郷である中国の桂花陳酒がベースで、チェリーヒーリングという赤いリキュールが使われている。グラスのふちには、レモンの皮で作ったおきまりの星形があしらわれている。対する「ひろまさ」は、焼酎ベースに宇治茶のリキュールを合わせた緑色をしている。どちらも、アルコール度は少なく、甘い。

このカクテルのことを知ったのは、ある雑誌からであるが、インターネットの世界ではすでにかなり浸透していた情報のようである。このバーで出し始めてからすでに五年くらいたつという。晴明ファンには有名らしく、毎年の正月、ここで二種類のカクテルを注文しては帰って行く客もいると聞く。

一時を思えば晴明ブームはやや下火になったものの、映画『陰陽師Ⅱ』の公開を機にして再び復活の兆しが見えている。夢枕獏氏の『陰陽師』シリーズもコンスタントに売れているようだ。だが、ブームの様相を知るには、インターネットの世界をのぞくに限る。試みにネットで「安倍晴明」や「陰陽道」というワードを検索してみると、その数の多さには驚かされる。しかも、昨日までつながっていたあるホームページが、今日は「NOT FOUND」という白いページに変わっていたりして、毎日消長を繰り返しているようである。

ネットのなかでは個人が自分の好きな晴明像をふんだんに語れるようになっているホームページが多い。この電脳空間では、晴明の実像とか歴史的事実などという無粋なものは姿を見せないのだ。好みのハンドルネームで誰にも邪魔されず、誰にも批評されることもなく、自由に「私の晴明」を描き出しているホームページ。それは、日々増殖してゆく。その消長ぶりを見ていると、晴明とはいったい何だったのか、という疑問がいまだに頭をよぎるのである。

正直言って、私は晴明の「実像」がどうであったかということにはほとんど関心がない。

それより、晴明の死後、彼のイメージがどのように変化していったか、人々がどのようにそれを受け入れていったか、ということに興味があるだけである。

異界への媒介者

晴明が世間で話題となる「現象」と化した時代は、今までに二回あった、と本書では述べている。そのうち、もっとも重要なのが平安末期、つまり院政期である。それは、晴明の「超能力」が語られる説話がいくつも生まれ、晴明という人物のイメージが高まった時期でもあった。もちろん、それらは説話であるから、さまざまな陰陽師たちの話が晴明一人に集約されたものである。

現代の晴明ものの小説などの惹句《じゃっく》に、「平安の闇をのぞく」などという言葉がしばしば使われるが、晴明とは、こうした闇の世界と日常世界との媒介者とされたのではなかろうか、と考えられる。百鬼夜行を見、不可思議な術を使う晴明は、常人がおびえまどう闇の世界と日常世界とを自在に行き来することができた。その背景には、「異界」の発見というか、「異界」との出会いということがある。

平安朝がみやびなだけの時代ではなく、一歩都の周辺に踏み込んだら死体がごろごろし、夜出歩けばあやしいものに出会う気がする時代だったことはもうすでに明らかにされているが、晴明はそのような、異界が日常を侵食する時代において、異界の言葉を紡ぐよりまし、あるいは今で言うイタコのような存在と考えられていたのではないだろうか。異界の住人との遭遇が多々描かれる『今昔物語集』のような説話集が生まれた院政期には、平安京の人々は異界が日常の周辺を囲繞《いにょう》していたように考えていたに違いない。いうなれば、異界を直視しなければ生きていけない時代ともいえる。そうしたなかで、異界とのパイプ役として晴明の存在がクローズアップされたと考えられよう。

第二の「晴明現象」が起きた一七世紀のはじめは、院政期とはまた異なった「現象」となった。いうなれば、晴明の物語化、芸能化である。それまでは陰陽師として知られていた晴明の異なった側面に焦点が当てられたのだ。狐の母を持つ、というのもその一つであるし、大人の晴明ではなく「安倍の童子」という幼少期の晴明に関心が持たれたのもその一つである。晴明自身より、彼が生まれるに至った過程が物語としてスポットを浴びたのである。これは晴明イメージの変転ともいえよう。晴明と江戸文化との出会いは、それまでの晴明像を受け継ぎつつも見事に文芸に取り入れられている。

ここには、院政期のような異界へのおそれはすでにない。あるのは、異界をのぞきたいという好奇心である。江戸時代はさまざまな妖怪が作り出された時代であるが、そうしたことも異界を日常世界にまるめ込み、「見せ物」にしてしまおうというこの時代の空気を語っていよう。一般人への文芸の浸透とメディアの多様化とともに、晴明は異界をかいま見させてくれる人物として登場したのである。晴明が描かれる小説や芝居は、異界を見てみたい人々の心を沸き立たせたことだろう。

そして第三の「晴明現象」が現われた現代において、小説やマンガ、映画では、晴明はまっすぐな正義の味方に描かれることが多い。晴明は都の危機を救い、悪と戦う善の象徴となった感がある。こうした瑕疵《かし》のないヒーロー像はややもすればありきたりなものになりがちである。だからこそ、夢枕獏氏は道満ともつるむ悪げな面を持つ晴明を作りだし、岡野玲子氏は複雑な内面を持ち苦悩する晴明を描くに至ったのだった。このように、現代までに晴明のイメージはいくつかの側面を見せながら変転している。

常に変容し続ける

もし晴明に「実像」と「虚像」があるとすれば、今現代に生きる私たちはその「虚像」ばかりを目にすることしかできない。いくら歴史資料を駆使して晴明の「実像」に迫ったとしても、その行為が「虚像」を否定しきるものではないのだから。「実像」が「虚像」より価値がある、というわけはなかろう。「実像」も認識し、「虚像」をも受容する。それが晴明という一つの「現象」を解するための道なのではないかと思う。だから、本文中にも書いたが、私はすべてのテクストを平等に扱おうとした。たとえば『今昔物語集』の説話は平安時代における一つの到達点といえるものだが、それが現代のマンガより価値が高いかというとそうではないのである。晴明について語るときは、常に「その当時における現代」での受容という問題を考えておく必要があるのだ。院政期や一七世紀の晴明が当時としては「現代的」な晴明であったと同じく、第三の「晴明現象」といえる現代もまた、時間がたてば過去になるのである。

夢枕獏氏は、志村有弘氏との対談で、次のようなことを語っている。

志村　いつか獏さんがね、私の書いている『陰陽師』も安倍晴明も、一〇〇年経ったら『今昔物語集』の作者が書いた説話と同じようになるだろうということをおっしゃってましたでしょう。

夢枕　そうですね。

志村　それをぼくはおもしろいなと思って記憶しているんです。

夢枕　安倍晴明の話って、一〇〇〇年前からいろんな人が書いているんですよね。『今昔』の説話作者もそうだし、そのあとのいろんな説話もそうですよね。（中略）そういう大きな流れで見ると、一〇〇〇年間、いろんな人が書いてきた中の一人ですから、その都度その時代に合った安倍晴明像があって、平成には平成の時代の安倍晴明像がある。また一〇〇年経てば違う安倍晴明だろうと思うんですけどね。（『「陰陽師」読本』文春文庫、二〇〇三年）

たしかに、一〇〇年たてば現代小説も古典となる。私たちが目にしている晴明は、大きな時間の流れのなかで変容してゆく途上の晴明なのだ。今まで、一〇〇〇年、これから、一〇〇〇年。そして、もっと先の晴明がいったいどのような受容をされ、変化しているのか、私には想像がつかない。もしかしたら、「晴明現象」はこの平成の世をもって消滅してしまうかも知れない。晴明についての研究はこれからも続くと思うが、一般の人々の心が晴明に向き続けるとは限らないのである。それについて、よいとか悪いとかの価値判断をするつもりはないし、する必要もないのではないか。私にとって、本書で「晴明の一千年」を点描したことは、大きな流れのなかにしばし身を投じてみたに過ぎないのである。晴明がどのように変化しようと、もう私の力の及ぶところではないのである……。

グラスのなかでは、茜色の「せいめい」が薄まってしまっていた。氷の入ったカクテルを味わうのは、晴明像の変化を見るのと似ている。初めの甘く冷たい味わいから、順々に水に近づいていくのである。岡野玲子氏のマンガで、晴明が干天の折り吉野の奥に水を求めていく話があったが、究極のカクテルは水なのかも知れない。晴明の姿もまた、水のように容れ物によって形を変えてゆくのだろう。今までも、これからも。そして私はグラスを干し、バーを後にする。再び晴明について書くことはあるのだろうかと思いながら。

あとがき

二〇〇三年の夏は冷夏であった。その間の二ヵ月、家にこもって書いたものが本書である。なぜか夏にはいつも何かしら悪いことが起きるのが私の常だったのだが、今年は災害も事故もなく、ただひたすら机に向かっている夏になった。一見充実した夏休みのように思えるが、もしかしたら、この「おこもり生活」こそが「体に悪いこと」だったのかも知れない、などと思ったりする。たしかに心身の健康状態はあまりよくなかった。

二〇〇〇年に猫の本を出してから、久しぶりに本を出す。この間、博士論文を書いたりしていたので、年一冊のノルマをこなせなかったのだが、今年は本書を含めて三冊出る予定なので、一挙に三年分取り戻すことになる。このペースがいつまで続くかはわからないが、私の拙い本を待っていてくださる読者がいる限り、これからも精進して行きたい。

さて、山崎比呂志氏から講談社選書メチエにお誘いをいただいたのは、もう七年くらいも前になるだろうか。最初は「物語論」で、ということだったのだが、本来説話が専門の私に「物語論」など書けるわけがない。幾度か構成試案を出しながら挫折を繰り返し、ついに「書けません」と泣きついたのが三年ほど前だった。そのときは安倍晴明について書くつもりも何もなかったのであるが、昨今、私の教える大学の学生にも晴明ブームが押し寄せ、彼らの動向を見ているとどうしても気になってしまい、晴明について考えることが多くなった。彼らが晴明のことを知るのは、おもにマンガや京極夏彦氏の小説である。それらがきっかけで古典の世界に目を向けてくれればいいのだが、入り口で止まってしまう人がほとんどなのが現状だった。

また、山のように出版されている「晴明本」（晴明やその資料についての一般向け解説書）に、かなり怪しげなものがあることも気になっていたことの一つだった。ブームに乗って似たような解説書が多々出版されているが、それらは取り上げた話題の出典も原文も記載しないのが問題であると思った。そこで私は、いつか晴明について書くだろう、いや、書かねばならぬと思い、昨年の夏から意識的に「晴明本」や小説、マンガなどを集めるようになったのである。

それらを読みながら考えたのは、晴明はなぜはやる、ということだった。そして立てた仮説が、「晴明は時代の変わり目にはやっている」である。平安末期、一七世紀、そしてこの平成の世、いずれも、時代が音を立てて変化してゆくときではないか。この仮説が本書でどのように検証されているのか、うまく読者に伝われば望外の喜びである。晴明については私以上に勉強されている方もあろうと思うが、エピローグにも書いたように、これが「私が受容した晴明」ということである。勉強不足や言葉足らずの箇所もあろうが、今までの「晴明本」にはなかった私独自の視点を読みとってくだされば幸いである。

人気作家やマンガ家を辛口に批評している本書は、いわゆる晴明ファンにとっては毀誉《きよ》褒貶《ほうへん》のはなはだしいものとなるだろう。おそらくネットの世界では、私を名指しで批判する人もいると思われる。ネットの世界は匿名でなんでもできる世界である。正直言って、ネットの住人たちはずるい。こっちは実名を出して、体張って書いているのだ。批判するなら、実名を明らかにしてからにしていただきたいと強く言っておきたい。

なお、本書が出来るにあたって、何もいわずにじっと待っていてくださり、編集の手をわずらわせた山崎氏にお礼申し上げたい。また、図版などをお借りした所蔵者の方々にも感謝申し上げる。そして、いつものように、愛猫であった故・福のみたまと現在の同居猫・くりこにも感謝である。物を書くという孤独な作業のなかで、唯一心が安まるのはくりこの存在だった。くりこが最近、私が大枚はたいて買った『妖怪絵巻』という豪華本でしきりに爪とぎしていることには憂慮しているが……。

参考文献

（参考文献や論文は本文中に記したので、ここでは全体を通して参考としたもののみあげる）

堀一郎『我が国民間信仰史の研究（二）宗教史編』東京創元社、一九五三年

村山修一『日本陰陽道史総説』塙書房、一九八一年

村山修一編『陰陽道叢書』1〜4、名著出版、一九九一〜一九九三年

山下克明『平安時代の宗教文化と陰陽道』岩田書院、一九九六年

豊嶋泰國『安倍晴明読本』原書房、一九九九年

志村有弘『陰陽師列伝』学習研究社、二〇〇〇年

『夢枕獏と安倍晴明』桜桃書房、二〇〇一年

村山修一『日本陰陽道史話』平凡社ライブラリー、二〇〇一年

高原豊明『晴明伝説と吉備の陰陽師』岩田書院、二〇〇一年

詫間直樹・高田義人編著『陰陽道関係史料』汲古書院、二〇〇一年

夢枕獏編『陰陽夜話』朝日新聞社、二〇〇一年

斎藤英喜・武田比呂男編『〈安倍晴明〉の文化学』新紀元社、二〇〇二年

晴明神社編『安倍晴明公』講談社、二〇〇二年

鈴木一馨『陰陽道』講談社選書メチエ、二〇〇二年

林淳・小池淳一編著『陰陽道の講義』嵯峨野書院、二〇〇二年
荒俣宏『陰陽師』集英社新書、二〇〇二年

あとがきに代えて

安倍晴明と陰陽道研究の二十年

本書の親本は二〇〇三年に講談社選書メチエから刊行された。刊行以来二十年の間に、安倍晴明と陰陽道についての研究は飛躍的に進んでいる。このたび文庫版となるにあたり、この間の研究の伸展と研究史上における本書の意義について簡単に述べておくこととしたい。

近年の陰陽道研究においてもっとも重要だと思われる仕事は、なによりも『新陰陽道叢書』全五巻（名著出版、二〇二一）の刊行である。「古代」「中世」「近世」「民俗・説話」そして「特論」と題された五巻は、再録された論考を含めて陰陽道研究の最前線を通史的に俯瞰できるものとなっており、今後、陰陽道研究には必須の文献となるだろう。

その第五巻「特論」では、次のように拙著について言及がなされている（林淳「総論　陰陽道研究を広げる」一　安倍晴明像の変遷）。

田中貴子は、歴史上に起こった晴明現象を取り上げて、その現象の傾向やそれを制作した人間像を明らかにした。田中の試みは、編者の意図と重なるところは多い。田中は、院政期と一七世紀を二つの「晴明現象」期として取り上げた。（中略）以上をまとめると、田中は三つの時期を設定している。その中に平成期のブームを晴明現象の歴史の上にのせたことが新鮮であった。今日の研究水準から見ると、院政期の時期、一七世紀の時期については、田中の時代よりも詳細な検討ができるようになった。一七世紀というよりは、一五、六世紀に遡らせて、「下級陰陽師」問題は考察することはできる（新叢書第二巻、赤澤春彦「総論」）。

我ながら、いささか不用意で雑駁に思われた拙著がこのような位置づけをなされたことは、望外の喜びであり驚きでもあった。林が赤澤の「総論」を示しているように、本書で提示した三つの「晴明現象」のうち一七世紀のものは、現在の研究状況では中世に遡らせることができる。安倍晴明に仮託された『簠簋内伝』をどう理解し読み解くかはその点で重要な問題である。また、中世後期の民間陰陽師の活動についても、『新陰陽道叢書』第二巻「中世」では新たな知見が提示されている。そして、陰陽道の中心をなす「占い」や「呪術」がマジカルで非科学的なものではなく、当時の人々の自然観や宇宙観とリンクする「技術」として認識されていたということも、大きな成果であるといえる。このように二十年間の研究の伸展はめざましく、本書の結論を書き換える必要も出来しているが、本文訂正は細かな表現を修正しただけにとどめ、この「あとがきに代えて」で補足するという方法をとった。

安倍晴明が様々なメディアによってもてはやされるうごきを「晴明現象」と名づけることで、安倍晴明と陰陽道がどのように文学や歴史、そして世相とかかわっているのかという問題を明らかにしたい、というのが私のもくろみであったが、本書刊行時にはその意図が十分に読者に伝わらなかったように感じていた。それは、サブカルチャーを中心として現代人に享受された安倍晴明像を、本書が意図的に破壊しようとしていたことが原因でもあるだろう。

本書では、史実からうかがえる実際の晴明を矮小化するかに見える「ただの官人」という表現を用いているが、「ただの官人」という呼称は、本書の翌年刊行された斎藤英喜『安倍晴明　陰陽の達者なり』（ミネルヴァ書房、二〇〇四）で批判的に論じられた。また、斎藤の著書を書評した深沢徹「「死者」を甦らせる、カタリの〈力〉」（『日本文学』五四巻3号、二〇〇五）は、「近代的知性」であると批判している。斎藤は、晴明の儀礼現場からは、官人としての先例を無視してまでも、新しい儀礼や呪法を編み出していく、そんな様相さえ浮かび上がってくるのだ（10頁）。

と述べ、晴明像の形成には安倍泰親が「キーパーソン」として関与したと指摘している。晴明の著作とされる『占事略決』を詳細に分析し、また、いざなぎ流の「現場」を身体感覚で理解しようとする試みもなされている（ただし、いざなぎ流の太夫が厳密には陰陽師と言えないということは、『新陰陽道叢書』第四巻「総説」で論じられた通りである）。

斎藤の批判は、実在の晴明の成し遂げた業績にほとんど目を向けることをしなかった本書の弱点を突いているが、現在では、晴明が生前から陰陽道の達人として評価されていたことや、自己宣伝に努めたことなどがより明確に詳細に検討されるようになっている（山下克明『平安時代陰陽道史研究』思文閣出版、二〇一五。細井浩志「「新しい安倍晴明像」の始まり」『現代思想臨時増刊　総特集　陰陽道・修験道を考える』青土社、二〇二一年五月）。細井は、院政期に、賀茂氏と安倍氏の対立が顕在化し、安倍氏が晴明の神格化に取りかかったことや、晴明が容貌端正だった可能性を指摘し、晩年まで気力体力が充実していたことが、年齢不詳の晴明像の形成に寄与した、と述べている。この院政期が晴明像形成の画期となったことを勘案すると、拙著で院政期に起こった「晴明現象」を指摘したことは、さほど見当違いではなかったのだと思われる。

中世における晴明像については、赤澤春彦「中世における晴明像の展開」(『新陰陽道叢書』第五巻「特論」)によって、本書よりさらに精密な追究がなされている。赤澤は、一五世紀に晴明が「化生の者」として超人的な力を有するとする伝説が禅僧などによって広がったと論じる。室町時代における禅僧の文化的な活躍と大きな影響力は、晴明像にとどまらず、たとえば「九相詩」や渡唐天神像の成立にも深く関わるものとして見逃すことはできないだろう。赤澤の論考は、平安・鎌倉時代の文物や人物が室町時代でいかに変容したかという観点から見ても非常に有益である。

なお、斎藤に続いて繁田信一は安倍晴明以外の平安時代陰陽師について、史料を渉猟して論じている(『陰陽師と貴族社会』吉川弘文館、二〇〇四。『安倍晴明　陰陽師たちの平安時代』吉川弘文館、二〇〇六)。安倍晴明だけではない陰陽師の活躍と、それによって晴明像が作り上げられていく様相がうかがえる。

斎藤の著作が二〇〇四年刊行、繁田のそれが二〇〇四年と二〇〇六年と、拙著と近接した時期に刊行されていることは、まさに二〇〇〇年代初頭に安倍晴明と陰陽師、陰陽道についての関心が多方面において高まっていたことを意味すると思われる。そこには、彼らもまた研究者としてサブカルチャーにおける晴明イメージの拡散に思うところがあったのかもしれない、と想像する。当時はまだ、現在ほどSNSが普及しておらず、万人が匿名で気軽に発信できるような環境ではなかった。しかし、そうした状況を凌駕するほどに、映画やドラマ、マンガやアニメで拡散される晴明像は大きな影響力を有していたといえる。安倍晴明と陰陽道研究が「少数の愛好家のみが関心を持つ風変わりな分野」(「『新陰陽道叢書』刊行にあたって」)ではなくなった背景には、サブカルチャーにおける晴明像の拡散とそれに対する研究者の批判的な反応があったといってよいかもしれない。

安倍晴明像を問うとき、必ず資料として言及されるのは『今昔物語集』『宇治拾遺物語』などの中世説話であるが、説話を単純な事実の記録と見なしたり、史料の補助的存在として用いたりするかつての視点はほぼ姿を消した。説話と史料は関連深いものであり、それぞれが影響を及ぼし合っているものであるが、説話が語られ、書かれる背後には「事実」以上の事情が存するのである。たとえば中島和歌子は、『江談抄』や『栄華物語』などの『今昔物語集』以前の説話を、摂関家との距離に着目して読み解き、安部泰親以降の陰陽師説話では、陰陽師の本業である占いに重点が置かれていることを明らかにしている(「平安時代の陰陽師説話――『今昔物語集』の晴明のまじないの前後」、『呪術と学術の東アジア陰陽道研究の継承と展望』勉誠出版、二〇二二)。説話が歴史のために消費されるのではなく、説話独自の意味を見いだす研究は、文学と歴史の今後のためにさらに推進される必要があろう。

なお、現実の安倍晴明の事跡研究と文学や伝承上の晴明像、そして陰陽道研究とは互いに影響を及ぼしながら存在してきたといえ、それぞれが研究成果を参照しつつ進めていくべきであろうと思うが、「実際の晴明には関心がない」と極論したように、本書が必ずしも陰陽道研究に寄与しえたとは考えていない。平成以降の晴明像は陰陽道研究とは乖離したところで発展したものであり、むしろジャーナリスティックな問題と深くかかわるからである。これについては次項で述べよう。

サブカルチャーと晴明・陰陽道

本書は、批判しながらも夢枕獏の「『陰陽師』シリーズ」を大きく取り上げているが、二〇二三年現在、当該シリーズは刊行三五周年を迎えたということである。二〇〇三年以降のシリーズは短編集、長編を含めて十八作を数え、『『陰陽師』のすべて』(二〇一六)という読者のためのガイドブックも刊行されている。また、二〇二三年には複数の作家による『妖異幻怪　陰陽師・安倍晴明　トリビュート』(文春文庫)も刊行されている。平成における安倍晴明像の形成に最も大きく関与したのは、夢枕だといって間違いはないだろう。

ただ、本書で夢枕を批判的に語ったように、『陰陽師』のすべて』でも平安京が風水都市だと語られ、「京都のパワースポット」めぐりが夢枕の写真とともに大きく掲載されているのは、研究者として遺憾というべきほかはない。夢枕の小説はフィクションとして楽しめばよいのだろうし、多くの読者もそれを期待していると思われる。小説は研究ではないのだから。しかし、昨今歴史小説と歴史研究の間で起こっている、歴史的事実をどのくらい小説に反映すべきかという問題は、安倍晴明を題材とする小説とも無関係ではない。

Twitter（二〇二三年三月四日）で考古学・歴史学研究の山田邦和が作家・諸田玲子の小説『織部の妻』の記述について、「戦国時代の京都の風景がまちがいだらけ…」と指摘したのに対し、作家の澤田瞳子が「山田邦和先生のご指摘の果てにあるものについてはぜひ、研究者の方々ととことん話し合う（ひょっとしたら殴り合う…?）機会を持ちたいとずっと思っている」（同年三月五日）とツイートしたことを、私は重く受け止めている。安倍晴明と陰陽道についての研究と小説の関係も、まさにこうした問題をはらんでいるからである。マジカルで超人的な力を持つ安倍晴明イメージの流布は、科学技術としての陰陽道への適切な理解を妨げる可能性がないとはいえないのである（付言すれば、明治三年〈一八七〇〉の天社禁止令により陰陽師という職業が解体されたにもかかわらず、「安倍晴明の後裔」「現代の陰陽師」などを名乗る占い師たちの存在にも危うさを覚える）。

さて、二〇二〇年代に至り、安倍晴明像はさらに国を越えて広がっていった。二〇二〇年、中国では映画「陰陽師　とこしえの夢」（原題「陰陽師　晴雅集」）が制作され、二〇二一年Netflixで配信された（第二作「陰陽師　二つの世界」も制作されている）。そして二〇二三年、Netflixでは夢枕原作の「陰陽師シリーズ」が初アニメ化される予定である（監督・山本蒼美、脚本・加藤結子）。こうした動きは、安倍晴明像が日本国内だけではなく、すでに国際的な圏域へ広がっていることを示している。これが、もしかすると新たなフェーズの「晴明現象」といえるかもしれない。

このような動きに関して注目したいのは、中国からの観光客を中心とするコンテンツツーリズムである。京都の晴明神社や一条戻り橋のような晴明関係観光地は、日本人観光客にはおおむね浸透したと見なされるが、いまだ外国人観光客にとっては魅力的なものだと思われる。平安京が風水都市だという「伝説」も、風水発祥の地である中国や台湾にとっては親近感を持ちうると思われる。中国で映画制作がなされたことも、もちろん観光資源としての晴明に注目が集まる契機となったはずである。

コンテンツツーリズムは、小説や映画、アニメなどに登場する場所を訪れる、いわゆる「聖地巡礼」と呼ばれる行為である。それはインターネットメディア、SNSなどによって拡散され、享受者の間でさらに増幅されることがほとんどだ。安倍晴明の「聖地」は日本で観光資源としてほぼ限界を迎えたが、海外では未知数の可能性を秘めているのであろう。

張曄「日本における中国人のコンテンツツーリズム――安倍晴明に関する「聖地巡礼」を事例に――」(『立命館大学人文科学研究所紀要』一一九号、二〇一九年三月)は、そうした新たな視点での研究である。質問用紙とインタビューの回答によると、スマホゲーム『陰陽師』や夢枕獏の小説『陰陽師』などのコンテンツによって安倍晴明を知ったという観光客が多いことがわかる。張は論文の要旨を五点にまとめて掲出しているが、なかでも以下の点は興味深い。

日本における中国人のコンテンツツーリズムにおいて、ポップカルチャーという文化自体が日本文化の一つとして認識されており、それを体験すること自体に価値が見出され、中国人のコンテンツツーリズムにおける観光経験の中心となっている。

安倍晴明の関係故地、あるいはメディアの舞台となった場所を訪れたいというのが観光の目的ではなく、ポップカルチャーという日本文化を体験するために「聖地巡礼」がおこなわれているのである。つまり、中国人観光客の多くは安倍晴明そのものに関心を抱いているというより、安倍晴明によって象徴される日本のポップカルチャーを肌で感じるために晴明故地を訪れているのだ。そこには、張が指摘するように、コンテンツというフィルターを通した「まなざし」による独特な観光形態がある。

このありかたに私がよく似ていると感じるのは、ルーマニアのドラキュラ伝説とその観光地の関係である。ドラキュラ城を訪れる観光客は世界中で多数にのぼるが、ドラキュラのモデルとなったヴラド・ツェペシェ（ヴラド三世）の史実やその伝説を文献レベルで知っている者はきわめて少ない。小説や映画などのコンテンツで知られるドラキュラと、そのモデルとされる人物の居城を結びつけて観光地化する行為は、コンテンツにおける晴明と実在の晴明故地の関係と同じありようではないだろうか。

海外に広がる晴明コンテンツツーリズムは、観光地となった寺社仏閣からの発信も加速させ、観光客との相互的な関係を形成している。ミア・ティッロネン「モノとパフォーマンスから見る宗教ツーリズム――京都市・晴明神社の事例――」（『宗教研究』九五巻一号、二〇二一）は、伝統的な信仰行動とは異なる観光的観点からの晴明神社参拝について、「モノ」や環境といった側面に注目して論じる。ティッロネンは、『陰陽師』の映画化を受けて二〇〇〇年代に晴明神社が大きく変化したことを述べている。境内には安倍晴明の銅像や晴明井などが設置され、晴明神社自身が晴明とその伝説を「モノ」として可視化することで参拝客にアピールしていったのである。京都ローカルな神社から、世界的な「パワースポット」へと、晴明神社は大きく舵を切ったといえる。これは単に晴明神社の観光戦略というだけでなく、二〇〇〇年代以降の「晴明現象」と連動したうごきであり、ここには、晴明関係故地と晴明のコンテンツ化が相互にフィードバックしながら増幅してきた様が見てとれよう。

これらを第四の「晴明現象」と呼ぶならば、私の関心は今後新たな晴明像が出現するか、それとも従来の（夢枕に端を発する平成の）晴明像が何らかのかたちで受け継がれてゆくかを観察することにある。前者なら、新たな晴明像がどのようなものを契機として生まれるのかが知りたいし、後者なら、なぜ晴明像は平成から変化しないのかが知りたいと思う。私の専門は（これは最近改めて思うのだが）やはり文学研究であり、こうした晴明像の変化（あるいは無変化）は、ポップカルチャーやインターネットなどメディアは多様化しても一つの文学研究だと考えているからである。どのようなメディアであろうとも、テクストを読み解いてゆくことに変わりはないと思うのである。

現在も、安倍晴明のコンテンツ化は進んでいる。二〇一五年には羽生結弦がフリースケーティングプログラム「SEIMEI」を披露したし、京都大学岡山天文台に設置された東アジア最大のスケールを誇る望遠鏡は「せいめい」と名づけられている。

二〇二四年のNHKの大河ドラマは、紫式部を主人公とした「光る君へ」であるが、案の定ここにも安倍晴明が登場すると予告され、平安時代の文学や歴史を専門とする人々のみならず、注目を集めているようだ。演じるのはユースケ・サンタマリアだという。本書でも述べたように、紫式部と安倍晴明は同時代に面識があったとはいいがたく、紫式部が晴明のことを書き残しているわけでもない。だが、平安時代といえば晴明が登場する、というのが、もはやお約束となっているのであろうし、視聴者もそれを期待しているところが大きいと思われる。ユースケ・サンタマリアは若い頃の野村萬斎のような白皙で怜悧な晴明を演じるとは思えないので、どのように描くつもりなのだろうか、願わくは、超人的でマジカルな晴明という「鉄板」のイメージばかりでないことを祈るばかりだ。私は、できれば石橋蓮司に老いた安倍晴明を演じてみてほしかったのだが……。

なお、文庫化にあたりお声がけくださり、編集をご担当くださった法藏館編集部の上山靖子氏と、校正者の方、図版掲載に便宜をおはかりくださった所蔵先に感謝申し上げる。「あとがき」に登場した「くりこ」は今は亡く、三代目の「きなこ」も逝き、現在は「文覚」（もんちゃん）とともにある。

索　引

あ

か

さ

た

ら

わ

田中貴子（たなか・たかこ）
1960年京都生まれ。広島大学大学院博士課程修了。甲南大学教授。専門は中世国文学、仏教説話。著書に『中世幻妖――近代人が憧れた時代』（幻戯書房）、『いちにち、古典――〈とき〉をめぐる日本文学誌』（岩波書店）など。

安倍晴明《あべのせいめい》の一千年《いっせんねん》
「晴明現象《せいめいげんしょう》」を読《よ》む

二〇二三年　七月一五日　初版第一刷発行

著　者　田中貴子
発行者　西村明高
発行所　株式会社法藏館
京都市下京区正面通烏丸東入
郵便番号　六〇〇-八一五三
電話　〇七五-三四三-〇〇三〇（編集）
〇七五-三四三-五六五六（営業）

装幀者　熊谷博人
印刷・製本　中村印刷株式会社

ISBN 978-4-8318-2651-0 C1121

法蔵館文庫既刊より

価格税別

さ-1-1
増補
いざなぎ流　祭文と儀礼
斎藤英喜著
高知県旧物部村に伝わる民間信仰・いざなぎ流。中尾計佐清太夫に密着し、十五年にわたるフィールドワークによってその祭文・神楽・儀礼を解明。
1500円

さ-2-1
アマテラスの変貌
中世神仏交渉史の視座
佐藤弘夫著
童子・男神・女神へと変貌するアマテラスを手掛かりに中世の民衆が直面していたイデオロギー的呪縛の構造を抉りだし、新たな宗教コスモロジー論の構築を促す。
1200円

い-1-1
地　獄
石田瑞麿著
古代インドで発祥し、中国を経て、日本へとやってきた「地獄」。その歴史と、対概念として浮上する「極楽」について詳細に論じた恰好の概説書。解説＝末木文美士
1200円

く-1-1
王法と仏法
中世史の構図
黒田俊雄著
強靭な論理力で中世史の構図を一変させ、「武士中心史観」にもとづく中世理解に鋭く修正を迫った黒田史学。その精髄を示す論考を収めた不朽の名著。解説＝平　雅行
1200円

な-1-1
折口信夫の戦後天皇論
中村生雄著
戦後「神」から「人間」となった天皇に、折口信夫はいかなる可能性を見出そうとしていたのか。折口学の深淵へ分け入り、折口理解の新地平を切り拓いた労作。解説＝三浦佑之
1300円

あ-1-1
禅仏教とは何か　秋月龍珉著
仏教の根本義から、臨済宗・曹洞宗の日本禅二大派の思想と実践までを体系的に叙述。難解な内容を、簡潔にわかりやすくあらわした入門書の傑作。解説＝竹村牧男
1100円

い-2-1
アニミズム時代　岩田慶治著
森羅万象のなかにカミを経験する。その経験の場とは。アニミズムそしてシンクロニシティ空間論によって自然との共生の方法を説く、岩田アニミズム論の名著。解説＝松本博之
1200円

か-1-1
信長が見た戦国京都　城塞に囲まれた異貌の都　河内将芳著
同時代史料から、「町」が社会集団として成熟していくさまや、戦国京都が辿った激動の軌跡を尋ね、都市民らの視線を通して信長と京都の関係を捉え直した斬新な戦国都市論！
900円

つ-1-1·2
平安人物志　上・下（全二冊）　角田文衞著
考古学と文献史学を駆使した角田の博識と推理が冴え渡る、41篇の人物伝。緻密な分析で、平安朝を生きた人々の数奇な生涯を鮮やかに描き出した、歴史的名著。解説＝山田邦和
各1700円

し-1-1
ポストモダンの新宗教　現代日本の精神状況の底流　島薗進著
一九七〇年代以降に誕生・発展した「新新宗教」の特徴を読み解き、「新新宗教」を日本・世界の宗教状況とリンクさせることで、現代宗教論に一つの展望を与えた画期的試み。
1200円

か-1-2
改訂　祇園祭と戦国京都　河内将芳著
創作物を通じて戦国期の祇園祭に託された「権力に抵抗する民衆の祭」というイメージは実態に合うものなのか。イメージと史実を比較し、中世都市祭礼・祇園祭の実像に迫る。
1000円

ブ-1-1

儀礼と権力　天皇の明治維新　ジョン・ブリーン著

日本の「近代」創出に天皇がはたした身体的役割とは何か。天皇はいかにして「神話の体現者」となったのか。従来とは異なる儀礼論的アプローチから迫ったユニークな試み。

1300円

も-1-1

梁の武帝　仏教王朝の悲劇　森三樹三郎著

皇帝菩薩と呼ばれた武帝の餓死、王朝の滅亡は、仏教溺信が招いた悲劇だったのか。類い稀な皇帝のドラマチックな生涯とその時代の精神を描出した不朽の傑作。解説＝船山　徹

1000円

む-1-1

天平芸術の工房　武者小路穣著

正倉院や東大寺をはじめとする花やかな天平芸術の創造にたずさわった工人たちの盛衰を明らかにしていくなかで、古代国家の文化の形成基盤の全体像を考察。解説＝山岸公基

1200円

た-3-1

改訂　歴史のなかに見る親鸞　平雅行著

数少ない確実な史料を緻密に検証することで、歴史研究者として親鸞の事蹟の真偽を究明する一方、民衆の苦難と自らの思想信条とのはざまで悩み苦しむ親鸞の姿をも描きだす。

1100円

か-4-1

死と運命　中国古代の思索　金谷治著

「こののっぴきならない生命とはいったい何なのか」。孔孟、老荘、荀子等の言葉をてがかりに、中国古代における死、運命、欲望に関する思索を討尋する。解説＝中嶋隆藏

1100円

よ-1-1

劉裕　江南の英雄　宋の武帝　吉川忠夫著

劉裕は微賤な武人に生まれながらも、卓越した行動力と徹底した現実主義によって皇帝となった。だが、即位後その生彩に翳りが――。南朝の権力機構の本質を明らかにする好著。

1000円

か-5-1

一遍語録を読む

金井清光
梅谷繁樹 著

一切を捨てた「捨聖」一遍。その思想的背景と生涯を法語から読み解き、巻末では一遍の和讃「別願和讃」を『節用集』『日葡辞書』などを駆使して詳論する。解説＝長澤昌幸

1200円

な-1-2

祭祀と供犠

日本人の自然観・動物観

中村生雄 著

動物を「神への捧げもの」とする西洋の供犠との対比から、日本の供養の文化を論じ、殺生・肉食の禁止と宗教との関わりに新たな光を当てた名著が文庫化。解説＝赤坂憲雄

1500円

さ-4-1

ラジオの戦争責任

坂本慎一 著

戦前最強の「扇動者」、ラジオ。その歴史を五人の人物伝から繙き、国民が戦争を支持し、また玉音放送によって瞬く間に終戦を受け入れるに至った日本特有の事情を炙り出す。

900円

は-1-1

明治維新と宗教

羽賀祥二 著

近代「神道」の形成と特質を仏教までをも含んだ俯瞰的な視野から考察し、「国家神道」に止まらない近代「神道」の姿をダイナミックに描いた、日本近代史の必読文献。

1800円

か-6-1

禅と自然

唐木順三 著

近代という無常が露わになった時代をどう乗り越えるか。その克服の可能性を、逆に無常を徹底させる中世の禅思想のなかに見出した卓異の論考を精選。解説＝寺田透・飯島孝良

1100円

た-4-1

聖武天皇

「天平の皇帝」とその時代

瀧浪貞子 著

高い政治力を発揮し、数々の事業を推進した聖武天皇。「天平の皇帝」たらんとしたその生涯と治世を鮮やかに描写。ひ弱、優柔不断といった旧来の聖武天皇像に見直しを迫る。

1300円